幸せな経済自由人の60の習慣

本田 健 Ken Honda

GOMA BOOKS

幸せな経済自由人の60の習慣（新書）新版まえがきによせて

このたびは、本書を手に取ってくださって、ありがとうございました。

経済自由人という言葉を聞いて、あなたは、どんなイメージを持つでしょうか？

経済自由人は、自分の大好きなことをやって、人生をエンジョイしている人です。自分のビジネスを所有していたり、配当収入などがあるので、世界中どこに住んでもいいライフスタイルを持っています。職業的には、ビジネスオーナー、投資家、アーティスト、作家、発明家などがそういう人です。

経済自由人という生き方は、普通とあまりにも違うので、最初はピンとこないかもしれません。「本当にそんな人いるの？」とか、「才能のある人だけしか、そういう生き方はできない。自分には、きっと無理だ」と考える人もいるのではないでしょうか。

しかし、経済自由人的生き方は、どんな人でも可能です。ただ、普通とはちょっと違う考え方をして、行動していく必要があります。彼らは、世界をユニークな視点から見ています。仕事、お金、友情に関しても、自由な感覚を持っているので、人生で自由を満喫しているのです。

経済自由人になる過程で、「自分は誰か」といったことや才能について真剣に考え、リスクを冒して、自分らしい生き方を選ぶ必要があります。

経済自由人になる過程は、苦しく、かつとっても楽しいものです。なぜなら、その道を歩く中で、必ず自分にも人生にも絶望するからです。しかし、そんなときに仲間に励まされ、希望を見いだしながら、現在の幸せと自由を手に入れています。彼らと一緒に話をすると、苦労話や奇跡のストーリーがたくさん出てきます。それぐらいカラフルな人生を送っているのが、経済自由人なのです。

本書からいろんなヒントを見つけていただければ、著者として大変うれしく思います。では、経済自由人世界へ一緒に旅しましょう！

本田　健

目次

第2章 幸せな経済自由人は仕事についてこう考える

第4章 幸せな経済自由人は人間関係を大切にする

企画協力　アイウエオフィス

プロローグ

幸せな経済自由人って どんな人?

¥ 幸せな人は、「小金持ち」的自由人を目指す

世の中には、お金持ちになりたいと願う人がたくさんいます。

けれど、具体的な金額とか、その実現方法まで考えている人は、あまりいないでしょう。一方で、幸せになりたいという人もいますが、何をすれば、自分が幸せになれるかまで真剣に考える人は、いないものです。

この本では、「幸せ」と「経済的自由」は誰にでも実現可能だということをお伝えしたいと思います。

普通の人が、幸せで豊かな生活を送れないのは、最初から、自分には無理だと考えているからです。もし、自分にもできると考え、具体的な行動をとり続けたら可能なことでも、最初からあきらめてしまっています。

幸せで豊かに生きるのは、たとえていえば自転車に乗るようなものです。左右のバランス（たとえば、ビジネスと家庭）を取りながら前に進むのは、結構難しいのです。一回や二回練習しただけでは無理ですが、誰にでもできると私は考えています。豊かに生きることと、自転車に乗るのが違うのは、周りで上手にやっている人を見たことがあるか、ないかの差と私は考えています。実際に、うまく乗りこなしている人を見れば、「ああやればいいのか」と、最初は不可能に見えたことも、そんなに難しく見えなくなるのです。

私が小さい頃から出会ってきたお金持ちには、2種類いました。それは、幸せなお金持ちと、不幸なお金持ちです。普通の人は、不幸なお金持ちのイメージで、お金持ちをとらえていると思います。確かに、そういう人たちは存在します。まだ数は少ないですが、幸せなお金持ちも世の中にはいます。彼らは、控えめな生き方をしているので、彼らがお金持ちだとは、気づかないことが多いのです。

私が注目してきたのは、「幸せと経済的自由」の両方を手に入れた人たちです。

彼らは、お金持ちの家に生まれたり、特別な才能があったわけではありません。

今の仕事に出会うまでは、ＯＬやサラリーマンなどの普通の生活を送っていた人がほとんどです。

世の中には、大金持ちになりたいと考える人も、たくさんいますが、もし、幸せにもなりたければ、「小金持ち」的自由人を目指すのが、賢いと私は思います。

大金持ちを目指すと、どうしても、人生のバランスを崩してしまいがちです。今の世の中では、自分のビジネスを持つのが、大金持ちへの近道でしょうが、あまりその規模を大きくすると、仕事に忙殺されてしまいます。

人生でもっとも楽しめる20代、30代、40代をビジネス中心に送っては、もったいないと、私は思います。その時代は、パートナー、子供、両親、友人とも、一番楽しめるからです。油断して仕事に忙殺されている間に、両親は亡くなり、子供はすぐに大きくなってしまいます。

小金持ち的自由人は、自分の大好きなことを仕事にして、経済的自由と時間の自由を手に入れている人たちです。資産を増やすことより、愛する家族や友人との時間を増やすことに、幸せと喜びを見いだしています。

あなたは、これからの人生をどう生きたいですか？

自分の大好きなことをやって、経済的自由を手に入れ、世界中を旅行しながら生きることもできます。学校を卒業するときに、何となく選んだ仕事をそのまま定年までやり続けることもできるでしょう。

決めるのは、あなたです。どちらも自由に選べる日本という国にいるあなたには、選択する権利があります。

自分が、どのように生きたいのか、じっくり考えて選んで下さい。

¥ 幸せな経済自由人って、どんな人？

幸せな経済自由人って、いったいどんな人でしょう？

私が、観察してきた経済自由人の平均像をお伝えしましょう。

彼らは、自分の大好きなことをうまくビジネスにして、成功しています。スポーツ選手や芸能人などの派手な感じではなく、どちらかというと地味な仕事の人の方が多いように思います。スポーツ選手や俳優などは、一見華やかですが、スケジュールに縛られていることが多いから、自由人にはなれません。

幸せな経済自由人は、自分のお店を複数経営していたり、不動産を所有していたり、インターネットで、仮想店舗を複数所有しています。ビジネスの規模も、せいぜい年商数億円から多くても、10億円以下です。スタッフの数も、多くても十数人というところでしょう。場合によっては、社員は、秘書的な作業をやってくれる人がひとりいて、事務センターや倉庫会社と契約してビジネスしているという人もいます。

これぐらいの規模だと、個人的な年収3000万円を取ることができますし、何より、ローメンテナンスです。

共通しているのは、特に毎日仕事をしなくても、日常的なキャッシュが入ってくる仕組みを持っていること、扱っている商品やサービスをこよなく愛していることです。

彼らは、自分のやりたいこと、家族や友人との時間にもっとも時間を割いています。かといって、仕事も嫌いではないので、うまくバランスを取っています。

仕事に、過3日以上取られたら、人生で楽しむ時間が減ってしまうと考える人もいれば、本当は、もっと仕事したいんだけど、きりがないから、泣く泣く仕事の時間を減らしているという人もいます。

住居も、ひとつではなく、複数持っている人が多くいます。特定の場所にいる理由もないので、必ずしも都市部ではなく、自分の気に入った場所を選んでいます。海外をベースに暮らしている人も多いようです。季節外れのビジネスクラスに、家族連れで乗っている人には、こういうタイプがたくさんいます。

彼らの人生で、楽しみのひとつは、旅行です。私も、季節はずれのハワイのリゾートで、長期滞在している自由人たちと、ずいぶん友達になりました。彼らは、お盆やゴールデンウィークは、家でゆっくりし、人が出かけていかないシーズンに世界中を旅行します。日本だけでなく、アメリカ、ヨーロッパの休日を把握して、混む時期をはずして、出かけていくのです。

自分のプライベートジェット機を所有するような派手さはないものの、時間はたっぷりあります。プライベートジェットに乗って、3泊4日でヨーロッパにいくライフスタイルではなく、ビジネスクラスに乗って、30泊31日を楽しむのです。

決して、贅沢な旅だけでもなく、現地の人にとけ込めるように、家具付きのホテルに滞在し、1ヶ月かけて、美術館をまわったり、音楽を楽しんだりします。

彼らにとっては、家族が、何をするにも、ひとつの単位です。自分たちが何をやりたいのか、家族全員で話し合って、どこに行くのかを決めたりするのです。

自分に何が必要なのか、何をやりたいのかの優先順位がはっきりしているのが、彼らの生き方です。

あなたのまわりに、
「幸せな経済自由人」がいるか、探してみよう。

¥ 幸せな経済自由人は、どんなふうに暮らしているのか？

「幸せな経済自由人は、どんな生活を送っているのか？」は興味深い質問でしょう。

私の周りを観察していると、経済的自由を手に入れたとき、どちらかの道をたどります。忙しい生き方と、ゆったりした生き方の2つです。

忙しい生き方を選択する人は、経済的自由を手に入れても、ほとんど人生が変わりません。今までのビジネスをそのまま拡大させることに、情熱を注ぎます。

また、ビジネスを引退したとしても、財団を立ち上げたりして、積極的な活動を続け、一生止まらないという人がいます。何もしないと、エネルギーをもてあましてしまうのでしょう。

経済的自由を手に入れた後、少し立ち止まって人生を考え直す人もいます。完全にリタイアしていなくても、自分が何をしたいのかを考えて、軌道修正する時間を取るのです。彼らは、自分にとって何が一番大切かを考え、人生を作り変えていきます。

私は、育児をきっかけに、まる4年間お休みし、その間、自分が何をやりたいのか、じっくり考えました。その後、年に数回ですが、大好きな本を書いたり、講演やセミナーをやるようになりました。今は、自分の時間とライフワークとのバランスに満足しています。

幸せな経済自由人に共通しているのは、自分の大好きなことを中心に生きているということです。忙しく自分のプロジェクトを追いかけてもいいし、ゆったりしたペースで生きてもよいでしょう。愛するライフワーク、家族、自分の時間などをバランスよく楽しんでいるのです。

経済的自由を手に入れた友人たちを見ていると、人それぞれ多様な生き方をしているのがわかります。信頼できるスタッフに自分のお店を任せたとしても、週に1回は気になって、見に行く人もいるし、世界中を旅行している人もいます。直感的に、自分が一番楽しめることをやるという点は、みんな同じかもしれません。

日常的な雑事から解放されると、人間はどうなるのかは、とてもおもしろいテーマです。日本でも、戦前には、自由人と呼ばれる人はいましたし、ローマ時代の貴族も、労働から解放されているという意味では、同じような人だったと言えるでしょう。

私は、人は自由を手に入れたとき、その人の本質が拡大されて出てくると考えています。自由を手に入れて、耽溺的生活を送る人もいれば、世の中の役に立とうと考える人もいるでしょう。地主の息子で、お酒に溺れて、若くして死んでしまうような人もいれば、冒険家、芸術家になって成功する人もいます。

その違いは、彼らが、人生の目的というものを理解できたかどうかだと思っています。自分の才能を理解して、うまく使えた人は、幸せに毎日を送れたでしょうし、そうでなければ、衝動的行動で自分をごまかすしかなくなるのでしょう。

あなたは、経済的自由を手に入れたら、何をやりたいですか？

あなたが、自由人になったら、どんな生活がしたいですか？

¥ 幸せな経済自由人は、4つの分野をマスターしている

幸せな経済自由人は、普通の人と、いったいどこが違うのでしょうか？

彼らは、普通の人と比べて、4つの分野で優れた知識を持っています。

その4つとは、人間関係、ビジネス、お金、願望達成の分野です。彼らは、この分野で並み外れた知識と体験を持っているので、自由な人生を手に入れられたのです。

逆に言うと、この4つをマスターしないと、現代の世の中では、幸せとお金の両方を手に入れることは、難しいと思います。では、それぞれ見ていきましょう。まず、最初に、人間関係について。「どうして、人間関係？」と思った人もいるでしょう。それは、ビジネスでも、お金でも、人間関係が上手な人は、チャンスをもらえたり、ピンチの時に助けてもらったりして、成功しやすいからです。

物を買うのも、仕事をするのも、誰かに何かをしてあげるときも、感情によって人は動きます。どうせなら、好きな人から買ってあげたい、好きな人と取引したいと、誰でも思うものです。

ビジネスで、素晴らしい業績をあげていても、感情的に成熟していない人は、いずれ、ダメになってしまいます。それは、人間関係に疎いと、家族やスタッフと、うまくつながれず、応援してもらえないからです。

2番目の要素は、ビジネスです。経済的に成功するために、ビジネスの知識は、不可欠です。マーケティング、セールスなど、幅広い経験と知識が必要です。資本主義の世界では、ビジネス、お金の知識、知恵を持っている人に、お金が集まるようにできているので、その仕組みを知っておくことは、とても大事です。

3番目は、お金です。お金にも、いろんな種類のお金があります。労働をして、その代価としてもらうお金と、株式市場で、売買される時のお金の種類は違います。また、お金に関する知識は、いろんな分野にまたがっています。法律、税金、投資、ビジネスなど、すべてをマスターするのは不可能ですが、その大枠のシステムと、何を知らなければいけないのか、何を知らなくてもいいのかは、知っておく必要があります。

４番目は、願望達成です。普通の人は、何かをやろうと考えても、「自分にできるかな？　とか、お金が、時間が…」と、もっともな理由をつけて、実行しようとしません。自由に生きている人は、それがやりたいかどうかだけにフォーカスしています、いったん、やろうと決めたら、できるかどうかではなく、「どうやったらできるか」しか、考えません。お金、時間などは、いくらでもひねり出せるものだと思っているので、ちょっとやそっとのことでは、あきらめません。

この４つの分野を意識してみてください。周りで、爽やかに成功している人は、この分野のどれかに、抜きんでた才能を発揮していることが、わかるでしょう。

¥ 自分と周りを幸せにするのが、経済自由人のスタイル

経済自由人という言葉を聞くと、ほとんどの人が感情的な反応をします。肯定的な人は、「いいな～」とか、「うらやましい～」と言います。否定的な人は、「自分勝手じゃない？」とか、「悪い奴に決まっている！」と、イライラを隠せなかったりします。

お金というものは、人の感情を浮き彫りにする性質があります。経済的な理由によって制限を受けている人の多くは、その現状に対して、ネガティブなものを感じていますが、その感情をどう処理していいのか、戸惑うのでしょう。それが、経済自由人という言葉をきっかけに出てくるのかもしれません。

あなたの周りに、経済的自由を手に入れている人は、いますか？

また、お金持ちかどうかともかく、幸せな人は、何人いますか？

残念ながら、どちらもあまりいないのではないでしょうか。幸せで、かつ経済的自由を手に入れている人を、ほとんどの人は個人的に知らないと思います。幸せな経済自由人という人種は、普通の人とあまり接点がないので、出会いにくいのです。

私の周りにいる経済自由人たちは、自分の大好きなことをやりながら、楽しく暮らしています。彼らは、自分が愛してやまないライフワークをやって成功しています。別の言い方をすれば、自分と周りを幸せにしながら、豊かになっているのです。だから、彼らは、同時に幸せも手に入れたとも言えます。

一方で、不幸なお金持ちは、人を不幸にして、お金持ちになっています。いろんな人に恨まれたり、ひどい思いをさせているので、お金はあるけれども幸せではないという状態になるのです。

幸せな経済自由人は、仕事、お金、偏見などから自由な人たちです。彼らは、自分の中にある貧困意識や自信のなさを克服した結果として、現在の自由を手に入れています。

彼らは、経済的に自立しています。彼らは、お金をたくさん持っているだけではありません。日常的にお金のことを考えることなしに、生活しているのです。

どれだけお金持ちになっても、お金のことをあれこれ心配したり、考えなくてはいけないようでは、経済的に自由とは言えないでしょう。

本当の意味での経済的自由とは、物理的にも、精神的にもお金から解放されているということを意味します。ですから、必ずしも、たくさんお金を持っていたり、稼いでいるだけでは、自由人とはいえません。経済自由人になるには、いたずらにお金を追いかけるのではなく、消費を押さえ、精神的に満足する方法もあるということも知っていてもらいたいと思います。

幸せな経済自由人は、自分の大好きなことをやって生きています。経済的に自立しているので、誰かにおもねたり、遠慮する必要はありません。だから、彼らは、自分らしく、自由を謳歌することができるのです。

「自分の好きなことをやって生きる」ことを「自分勝手に生きる」ことと勘違いしている人がいますが、それは違います。

「好きなことをやる」というのは、朝起きてから、夜寝るまで、好きなことを中心にして時間を過ごすということを意味します。それは、自分の愛するレストランで接客をすることや会社に行くことかもしれません。絵を描いていたり、歌を歌うこと、人前で話すことかもしれません。物を売っていたり、人の相談にのることかもしれません。
人を幸せに、豊かにした結果、彼らは、自分たちも、豊かに幸せになっているのです。

¥

頭の中に雑草を生やさないように、気をつけよう

若い頃、よくメンターにからかわれたことがあります。それは、私が行動することばかりに気を取られて、「考える」という事ができなかったからです。つい、あとさきを考えずに、全く違う方向に突っ走って行ってしまうのです。また、ぼんやりしてテレビばかり見てなんとなくやり過ごしていた時期もありました。そういう状態を見て、笑いながら「頭の中に雑草を生やしてはいけない」と言われました。

たしかに、頭の中が畑だったとしたら、自分が蒔いたものを人生で収穫することになります。もし、頭の中に〝幸せなこと〟〝楽しいこと〟を蒔けば、楽しいことが人生で実るでしょう。当時の私のように何も考えていないと、頭の中には雑草しか生えてきません。結果として、人生も雑草だらけで、実りのないものになってしまいます。

メンターには、頭の外側より、内側の手入れをしなさいと言われました。確かに、頭の外にある頭髪をきれいにするために、美容院に1ヶ月4000円かける人はいても、頭の中に4000円かける人は少ないかもしれません。それを言われた時は「あいたたた……」という感じでした。

それ以来、自分の頭の中にある内容に意識を払うようになりました。自分が毎日何を考えているのかをノートに書き出しました。このような考え方を続けると、10年後自分はどうなるだろうか？」と、たえず、チェックするようにしました。新しく自分の頭の中に何を植えれば、理想の人生を生み出せるのかを真剣に考えました。「できなかったことより、できること」にフォーカスしたり、自分のベストが出てくるように、的確な質問をしたりするように気をつけました。

でも、油断すると、すぐに雑草は生えてきます。そのときは、雑草的な考え方を引き抜いて、新しいものを植えなおさなければなりません。

私たちは、小さいころから両親の種、学校でもらう種、友達の種が頭に植わってしまっています。中には、素晴らしいものもあるでしょうが、自分の本質とは違うものも、いっぱい混ざっています。それを抜いたら、それを植えた誰かに悪いなと思っているので、そのままにしている人も多いのではないでしょうか。

あなたの頭には、何が実りつつあるでしょうか？

あなたの頭の中にある、雑草的考えを3つ抜きましょう。

第1章

幸せな経済自由人は
お金についてこう考える

¥ 今の経済状態は、過去のあなたのお金観が作っている

今、あなたは自分の経済状態に対して満足していますか?

ある統計によると、あなたの収入、資産の状態がどれだけでも、ほとんどの人が、20%ずつぐらい足りないという回答をしています。

なぜかというと、買う物やサービスがいっぱいあるのに、収入がそれに追いつかないからでしょう。収入が上がると、それに応じた生活をしたくなるのが普通です。車のグレードをアップさせたり、住んでいる家を大きくしたり、行くレストランを変えたりします。

また、着る物、持ち物などをすべて収入に応じて高い物にしていけば、どれだけ収入が多くても、間に合わないでしょう。

このあたりのバランスをどう取るのかで、あなたのお金の幸せ度が違ってきます。あなたの

今の経済状態は、昨日、今日でできたものではありません。

お小遣いをもらいだした小学生の頃から、今までのあなたの生き方がそれを作っています。

あなたは、お金を大切なものとして扱ってきましたか？

それとも、あなたはお金をいい加減に扱ってきましたか？

これまでにお金とどうつきあってきたかが、あなたの今の経済状態を作っています。お金と真剣に向き合って大事にしてきた人は、それに見合った経済状態になっているでしょう。そうでなかった場合は、それなりの結果が出ているはずです。

今、十分な資産や収入がないと感じているのなら、それは、あなたのお金を稼ぐ金額が少なかったか、お金を使いすぎたかのどちらかです。

いずれにしても、そのバランスの悪さが、理想の状態を作る上での障害になっています。体と同じように、自分のお金の健康診断もしてみてください。

そして、今の状態にどこか気になるところがあれば、原因を探って、より健康な状態を作りましょう。

あなたが、現在何歳だとしても、全然遅くはありません。お金から逃げずに自分の現状と向き合ってみることです。それが、未来の経済的安定を作ることになるでしょう。

「木を植えるのに、一番いいのは、30年前。次にいいのが、今だ」という中国のことわざがあります。

あなたのお金との幸せな関係は、今日スタートすることができます。

¥ 人生のソフトウェアをアップグレードしよう

コンピューターのソフトウェアは毎年のようにアップグレードされています。その度に新機能がついたり、便利になっています。

私は、人生を生きる上でも、コンピューターのプログラムと同じようなソフトウェアがあると考えています。空港などで時間をもてあましたとき、近くに座っている人が、どんな「生き方のソフトウェア」を持っているのかを観察するようにしています。たとえば、ある男性は、ビジネスのソフトウェアしか持っていない一方で、子育て中のお母さんは、子育てのソフトウェアだけしかなかったりするでしょう。

そうやってみていくと、私たちのソフトウェアは、特定の分野に偏っています。

たとえば、私のソフトウェアは、ビジネスやお金には最新でも、家事に関しては使い物になりません。

あなたの基本ソフトウェアはいつ頃、誰によって開発されたのでしょうか？

「人生、男女関係、お金、仕事」に関する考え方の大半は両親からきています。

また兄弟、姉妹、学生時代の友人、先生、先輩から影響を受け、人生のソフトウェアができ上がります。そのソフトウェアによって人生が作られます。

あなたが最後にそのソフトをアップグレードしたのはいつですか？　どの分野をアップグレードしているのでしょう？　人によっては、ビジネスかお金のソフトウェアは毎月のように更新しているのに、恋愛、友情のソフトは小学生から、そのままだったりします。

自分の人生のソフトウェアも、すべての分野で毎年更新したいものです。

そして、ウィルスチェックも忘れずに！

¥ お金とビジネスに魂を売ってはいけない

「仕事やお金」は、今の日本で非常に大切なものだと考えられています。その証拠に、家族との約束と仕事の約束があれば、仕事を選ぶ人が多いのではないでしょうか？　重要な取引先との接待と子供の運動会が重なったとき、子供の運動会を当然のように選択する親は、まだ少数派でしょう。

ビジネスで成功しようとすると、つい、自分らしさを忘れます。取引先のリクエストに応じようとしたり、時流に乗ろうとして、無理をしてしまうからです。

もし、一度でも、〝仕事のため〟とか〝お金のため〟という理由で何かをやってしまうと、自分の世界が崩れていきます。

ビジネスもお金も、人を中毒させるところがあります。気をつけていないと、どんどん時間とエネルギーを奪われてしまいます。また、自分らしい生き方をしていないと、自分のことが尊敬できなくなります。お金や仕事のために魂を売ってしまったという思いが残るからです。

自分が死ぬときに、「ああ、もっと仕事をして、お金を儲けておけばよかったな」と後悔する人は、稀でしょう。それよりも、「ああ、仕事ばかりしていないで、もっと、家族と一緒にいたり、楽しいことをやれば良かった」と思う方が多いのではないでしょうか。

めげそうになったとき、思い出してください。これは、お金やビジネスに魂を売っていることにならないだろうか？　自分の子供に説明して、誇らしくいられるだろうか？」答えが、YESでないなら、それをやらないほうが、あなたの幸せにつながるでしょう。自分の生き方、尊厳を大切にしましょう。

¥ 子供をお金から自由にしてあげよう

私は育児セミリタイアをしてきたせいか、よく子育てについて聞かれます。私は育児の専門家ではありませんが、子供の教育については明確な指針があります。

私は、子育てで一番大切なことは、子供が自分自身のことを好きになるのを手伝ってあげることだと考えています。そのためには、その子が大好きなことを見つけ、それを楽しく追いかけるときに、邪魔をしないことが大切でしょう。勉強を無理強いしたり、先回りをして導こうとすれば、かえってその子が持つ本来の力を奪うことになると感じています。

今、娘が通っている学校には、まったくカリキュラムがなく、子供たちは、好きなことをして時間をすごしていますが、彼らが、自由に自分の好きなことを追いかけていく様子を見て、子供には、自分の人生を作り出す力が十分にあると感じています。

また、子供をお金から自由にしてあげるのも、同じように大切でしょう。何もそれは、たくさんの資産を残してあげるという意味ではありません。お金から自由になるのに、たくさんのお金を持つ必要はないのです。それより、何かを考えたり、決めるときに、お金を基準にしないことを意味します。

お金にしばられずに、それがやりたいことかどうか、好きかどうかを唯一の基準にして、人生を生きられるかどうかです。大人になると、儲かりそうだとか、有利不利で、物事を判断しがちです。そういう損得を抜きに、自分中心で考えられるようになった人は、より幸せな人生を送ることができるでしょう。

将来お金のことを考えなくてもいいように、最低限お金のことを教える、そんな金銭教育があってもいいんじゃないかと思います。

そのためには、まず、両親がお金から自由になることが先決です。両親が、お金で物事を判断して生きていては、子供が自由になれるはずがありません。

自分が好きなことをやって生きていないのに、子供だけはそう生きてほしいというのも、無理でしょう。

自分が先に、お金から自由になりましょう。そして、自分が自由になった分だけ、子供に自由を見せてあげられることを知ってください。

あなたは、どういう点で、お金から自由になっていませんか?

半年分の生活費を貯めておこう

ライフワークのカウンセリングで、「好きなことをやりたいけど、今の仕事を辞めたら、生活できなくなるので、動けない」という話をよく聞きます。お金の不安があるので、自分らしく生きられないと考えているのです。でも、そういう人に限って、1人暮らしなのに大型テレビを持っていたり、あまり乗らない車に、高いローンを払っていたりします。

「好きなことをやって生きるために、何を準備すればいいですか？」と聞かれるたびに、私は「半年分の生活費の貯金」と答えています。半年分の生活費があれば、仕事を辞めてもあわてずに済みます。また、修行中に、給料がもらえないということもあるでしょうから、その期間をやり過ごすことができます。ほんの少しの貯金がないために、素晴らしい弟子入りのチャンスを逃している人がどれだけたくさんいることでしょう。

　また、ライフワークを深めていくときに、道具が必要になったり、勉強するために、海外に行くことが必要になる場合もあるでしょう。そのとき、少しの蓄えが、大きな威力を発揮します。

　自営業の人なら、半年分の運転資金を用意しておくことを心がけてください。

　その資金があれば、嫌な仕事を無理に受けなくてもよくなります。その余裕が冷静に物事を判断する助けになるでしょう。下請的な仕事をしている場合、自分たち独白の製品やサービスを開発する時間を買うことにもなります。

　どんな成功者も、半年分の貯金からスタートしています。いきなりジャンプしようとせず、ごく身近なところから、はじめてください。

¥ 「お金で買えるものと買えないもの」の違いを見極めよう

小さい子供達に、「何がほしい?」と聞くと、みんな「おもちゃ」とか「自転車」とか欲しいものを言うと思います。ところが、小学校高学年ぐらいになると、ほとんどの子供が、「お金!」と口を揃えて言うのです。それだけ、お金があれば何でも買えると考えているのでしょう。

お金でいろんなものが買えると思うのは、子供だけではありません。大人でもお金さえあれば……と考えている人が沢山います。

でも、果たして、そうでしょうか?

世の中には、お金で買えるものと、買えないものがあります。そして、その違いを知ることは、お金と健康的につきあう上で、もっとも大切なことだと、私は考えています。

普通の人は、お金で買えるものに、お金を出さず、お金で買えないものを何とかお金で解決しようとしてしまいがちです。

たとえば、誰かを助けるのに、お金が有効なときに、出し惜しみをしてしまいます。一方で、お金にルーズな友人から借金の申し込みをされて、貸すべきでないお金を出してしまったりしています。友情をお金のせいで、ダメにする典型的な例だといえるでしょう。また、異性の関心をひこうとして、お金を使っても、心がこもっていないので、思いが届かなかったりします。

幸せなお金持ちは、この違いをよく知っています。この境界線がはっきりわからないと、自分も周りもイヤな思いをするという経験をしてきたからです。

あなたは、どんなものなら、お金で買えると思っていますか？

また、何はお金で買えないと考えていますか？

たとえば、物やサービス体験をお金で買うことはできますが、友情や愛情は買えません。時間は一見買えなそうですが、忙しい時に他人にお金を払って仕事を代行してもらうケースを考えれば、買うことができると言えます。さきほど、お金で、友情や愛情を買えないと言いましたが、お金を上手に使って、友情や愛情を表現することは可能です。お金の助けをうまく借りながら表現する人と、不器用にしてしまう人では、その人の人間性に対する印象も全く違ったものになってしまいます。

幸せに生きるためには、何がお金で買えるのか、ふだんからよく意識しておきましょう。

「あなたにとって、お金で買えないものは何ですか？」

¥ お金のストレスに気をつけよう

お金は、人間の一番素晴らしい部分も、最悪の部分も引き出します。

今までお金のカウンセリングをやってきて、信じられないような話をいっぱい聞いてきました。聞いていて、せつないのは、ごく常識的ないい人が、お金に翻弄され、人生を台無しにしてしまう話です。ふだんは優しい人が、お金が絡むと、別人のようになってしまうという例は、ごく身近にあるでしょう。

問題は、お金そのものや金額ではなく、お金との付き合い方にあるのです。遺産相続で、兄弟姉妹と大喧嘩した人がいます。どちらが、親を世話しに病院に多く行ったかというのをきっかけに、大論争となり、お互いを攻撃し合いました。そこには、兄弟としての感謝や愛情が入り込む余地がありません。

また、サッカーを習いたいといった息子に、「ウチにはそんなお金はない！」とヒステリックに怒鳴った母親。外国製の高い掃除機を買った専業主婦の妻を「お前は、無駄使いばかりして」と、なじる夫。たいしたプレゼントをくれない彼に文句を言う女の子。「稼ぎが悪い」といって、夫を責める妻。

ちょっと見渡しただけでも、お金をめぐって、いさかいが多発しています。宇宙人が、私たちの生活を観察していたとしたら、お金は、人間にとって、いさかいの原因のようにも見えることは、間違いないでしょう。昔、親切な宇宙人が、地球にやってきて、いさかいの原因であるお金を世界からなくしてしまうというショートストーリーを読んだことがありますが、それでは、お金の問題は、解決しないでしょう。

それは、お金が原因ではなく、お金がきっかけとなって誘発される感情が原因だからです。「頑張っているのに、感謝されていない」「お金を貯めても、パートナーが無駄遣いをして、自分の努力を台無しにしている」「お金をかけてもらえないのは、自分には価値がないからだ」といった、感情がけんかの原因になっていいのです。

どんなときでも、お互いが自分の感情に向き合って、素直に相手に謝ることができれば、癒しが起きます。さきほどの例でも、「さっきは、ごめんね」と謝ることで、お互い歩み寄ることはできるでしょう。

お金は、あなたに、「お前は無能だ」「お前には価値がない」「君は生きていく資格がない」という幻聴を聞かせることがあります。それは、あなたの疑いや不安がお金に投影して起きることです。

どんなときも、お金のストレスでやられないようにしたいものです。

¥ 自分のお金、仕事のパターンを書き換えよう

あなたは、今までどのような仕事をしてきましたか？

また、どのようにお金とつきあってきましたか？

どんな人にも、人生を生きる上で、ある特定のパターンがあります。私は、お金やライフワークのカウンセリングをたくさんやってきて、それに気づきました。

たとえば、あなたは、学校を卒業してから、どういうパターンでお金を稼いできましたか？

あるいは、お金を稼いできませんでしたか？　ある程度同じパターンが続くと、それは無意識のうちに体に染みついて、それ以外のパターンを受け入れにくくなってしまいます。これは、従業員の人も、自営業の人も同じです。同じ仕事のやり方、お金のもらい方のパターンにはまると、それ以外のイメージが湧いてこなくなります。たとえば、新しい仕事をするにして

も、従業員しかやったことがない人は、自分でビジネスをスタートさせることを考えもしないでしょう。たぶん、就職情報誌を見て、新しい就職先を探そうとするのではないでしょうか？

お金のパターンでいうと、貯金の残高を考えてみてもわかりやすいかもしれません。たとえば、貯金の残高が、頑張っても３００万を超えたことがないという人がいます（ちなみに、体重は、何の努力もしていないのに増えるのよ！　と彼女は笑っていました）。ボーナスが出て、今度こそは貯めようと思っていても、急に友人たちが3組も結婚したり、電化製品が壊れたりして、元の３００万に戻ってしまうというのです。

同じように、借金が、２００万のまま5年間変わらないという人もいます。ちゃんと、毎月金利も含めて返しているので、相当な金額を返しているはずです。

しかし、臨時収入が入ったときには、必ず、直後に臨時出費があって、借金は、同じ金額のままです。

彼は、いくつか私の質問に答えているうちに、自分は借金を持っている方が、やる気になると考えていたことに気づきました。無意識のうちに、借金がないと、モチベーションが下がると考えていたので、借金が減らなかったのです。

そういう今までのパターンに気づき、それを変えようと決めるだけで、不思議なことに、人生は変わっていきます。私は、そういう例を何百と見てきました。

あなたの仕事と、お金のパターンには、どういうものがありますか？

もう、そのパターンを変える心の準備は、できていますか？

パターンを変えるとしたら、いつやりますか？

第2章

幸せな経済自由人は仕事についてこう考える

¥ 経済自由人は、知識と知恵に投資している

お金持ちになるには、投資が必要だということが、どんな本にも書いています。不動産や株に投資する本は、何百冊とあるでしょう。しかし、一番大切な投資に関して書かれている本には、あまりお目にかかったことがありません。

私が、一番大切な投資だと思うのは、「知識と知恵に対する投資」です。世の中の仕組み、法律、お金の流れや心理学など、いろんな知識があります。それを効果的に身につけられた人は、普通の人の何倍もの早さで、成功していきます。

私は、20代の頃から、人格的にも、知性面でも優れた人たちに教えを受けたので、ずいぶん回り道をしなくてすみました。それは、彼らの失敗のデータベースを借りることで、20年かかることを5年ですませる知恵と知識を身につけたからです。

知恵は、知識と経験が掛け合わさったものだと、私は考えています。というのも、知識がすぐに実践で使えるとはかぎらないからです。たとえば、セールスでも、いろんなテクニックは、知識として覚えることはできます。ですが、実際の現場でセールスをやって、試行錯誤をしてみて、はじめて実践的な知恵となるのです。

知恵を学ぶには、何百回もそれをこなしてきたメンターから学ぶのが一番です。また、一緒に学ぶ仲間がいて、学びが長続きするのではないかと思います。

自分にとってベストなメンターと、仲間を見つけることが知識と知恵をマスターする近道でしょう。

そのためには、自分が人生で何をやりたいのか、どこでやりたいのか、どういう人とやりたいのかをはっきりさせる必要があります。

自分のハートに聞いて、自分の進む方向を明確にしていきましょう。すると、その方向に進むために必要な、知識、知恵、そしてそれを持っているメンターを探すことが容易にできるようになります。

また、私の場合は、本や講演会、セミナーの教材から、たくさんの知識や知恵を学びました。

それは、実践的なケーススタディーに基づいているものを学んだ方が、成功しやすいからです。

幸せな将来をつくるために、必要な知恵と知識に投資しましょう。

あなたは、
これからどういう自己投資をしますか?

嫌いなことリストの反対側に、自由への道はある

私のところに寄せられるメールで、一番多いのが、「大好きなことがわからない」というものです。そして、好きなことを見つけるのに、どうしたらいいですか？　という質問もたくさんいただきます。

そこで、大好きなことの見つけ方をひとつお教えしましょう。とても、シンプルな方法です。いただく手紙やメールの中で、興味深いのは、大好きなことがわからない人も、たいていの場合、嫌いなことはよくわかっていることです。なぜなら、いただくメールやお手紙には、今の人生で、どれだけイヤなことがいっぱいあるのかが書いてあるからです。嫌いなことは明確にわかっても、好きなことはさっぱりわからないものなのです。

自分の好きなことを調べるためには、自分の嫌いなことをすべて書き出すことが最初のス

テップになります。

あなたは、今の人生で何が嫌いでしょうか？

それを白紙の左半分に、書いていきましょう。

嫌いな仕事。住みたくない家。一緒にいたくない人たち。自分の嫌いな環境。それをこと細かに書き出してみましょう。

そして、そのリストの反対を書いてみます。たとえば、嫌いの欄に街中の騒音に囲まれた家と書いた人は、静かな緑の中にある家が欲しいはずです。コンピューターに囲まれた職場が嫌な人は、人と出会える環境が好きなのかもしれません。

そうやって、正反対のリストをページの右側に、記入していってください。これを作っていくうちに、自分の好き、嫌いがはっきりとわかってくるでしょう。

そこから、好きのリストをもう一度整理していくのです。それをしばらく眺めて、そのすべてが手に入ったら、どれだけ素晴らしいかを想像するのです。そして、今すぐに変えられることとは、変えていくのです。

オセロゲームのように、嫌いなことを好きなことにひっくり返していくには、多少の時間がかかります。私の場合、すべてをひっくり返すのに、6年はどかかりました。でも、自分の好き嫌いを理解できたおかげで、その6年間も、楽しい時間でした。

自分の嫌いなことをすべて書き出してみて、その逆の人生を選択してください。

いっぺんに変えることは、難しいですが、変わり始めると、どんどん弾みがついていきます。

数年後には、まったく違う人生をあなたは生きているでしょう。

¥

幸せに成功した、自分の未来日記を書いてみよう

あなたの目の前には、無限の可能性があります。その中には、幸せなものもあるでしょうし、不幸なものもあるでしょう。どのコースを選択して、人生を生きるかは、あなたが100％決められるのです。

普通の人は、マイナスの可能性や人生に関しては、想像力豊かに考えますが、プラスの可能性に関しては、イメージすら出てこないのではないでしょうか。

私の人生を振り返ってみると、不思議な運命に導かれるようにして、ここまできたような気がします。あのとき、新聞記事を読まなかったら、飛行機の窓側に座らなかったら、友人の誘いで講演会に行かなかったら、など、偶然の鎖を思い返します。

同じようなことが、これからのあなたの人生にも起きる可能性は、十分あります。あなたが、

それを許せばですが。

ちょっと、ゲームをやってみましょう。10年後、あなたが理想の人生を生きているところを想像してみましょう。現在、普通の人生を送っていても、どれだけ借金を抱えていても、気にしないでやってみてください。

10年後、あなたは、どんな人生を送っているでしょうか？

どんな仕事をしているでしょうか？

どこに暮らしているでしょうか？

収入はどれくらいで、どんな人と一緒に毎日をすごしていますか？

それをひとしきり書いた後、今あなたがいる場所から、幸せに成功していくまでの物語を書いてみましょう。普段なら考えられない、ホラ話をでっちあげて作ってみるのです。

私の人生も、ありえない偶然に助けられて、どんどんよくなっていきました。

10年前に、私が作家になったり、まして著作がベストセラーになるなんて、家族、親戚、友人でさえ、誰一人として想像すらしてませんでした。

しかし、今、10年前に想像した以上の夢の中に生きています。

10年後、あるいは20年後に生きている、あなたの未来日記を書いてみましょう。

そういえば、あのとき、こういう人に出会って、そこからこうなって、という具合に、未来から、思い出しながらストーリーを書いていくのです。自分の人生に起きるかもしれない、おもしろいドラマを作ってみましょう。クリエイティブな物語を書いていくと、本当に実現するかもしれません。

人生は、あなたが想像しているよりも、もっと不思議な形で、展開していくものなのです。

¥ ビジネスオーナーのメンタリティーが成功を呼ぶ

あなたは今、どういう立場で仕事をしているでしょうか？

会社に勤めているか、時給計算のアルバイトという形態で仕事をしているかもしれません。また、自分で商売をやっていたり、フリーランスかもしれません。

いずれにしろ、あなたは仕事をやって、その代価の報酬をもらうという仕事に慣れていると思います。

私のメンターは若い頃の私に、人生を変えるアドバイスをしてくれました。それは、「どんなときも、自分がビジネスオーナーだと考える」ということです。

本質的に考えると、すべての人はサービス業に携わっています。自分の労働力、サービス、知識を誰かに提供して、その対価を得ています。会社勤めの人は、自分がサービスを会社に提供して、それを毎月買ってもらっているのです。会社の場合は、なんとなく、今月も買ってくれたから、来月も大丈夫だろうと甘く考えているでしょう。それが、リストラになったときに、慌てる原因です。

今、あなたが何をやっていようと、そのビジネスのオーナーのように考えられるでしょうか？

自分はアルバイトだとか、一社員だからと考えている人は、そこからの成長はありません。

今は、そういう立場だけど、自分が社長だったら、こうやるだろうというヴィジョンが明確な人は、自然と、大事な仕事を任されるようになります。

あなたらしいやり方で、現在提供しているサービスの質を高めることはできるでしょうか？

あなたもハッピーになり、それが相手をも喜ばせるような改善をいつも心がけてください。

「わたし株式会社」のサービスを高めること、それがあなたの受け取る報酬を高めることにもなります。

¥ 感謝される仕事を目指そう

仕事は、一生懸命やっていると、お金だけでなく、友情、達成感などが得られます。中でも、仕事のやりがいの一番は、お客さんに「感謝されること」でしょう。

どれだけ利益が出たかは、大切な指標ですが、同時に、そのビジネスに関わっている人が、お互い感謝し合っているか、幸せかどうかも、同じだけ私は大切だと思います。残念ながら現在の会計システムでは、財務諸表等には出てきませんが、その会社に行ってみれば、すぐに雰囲気でわかると思います。将来的には、社員や関係者を満足させたり、幸せにした会社は、もっと尊敬されるのではないかと思います。

あなたは、日常のビジネスや仕事で、どれだけ感謝しているでしょうか？　また、どれだけ感謝されているでしょうか？「感謝される」とは、上司や部下、同僚など、一緒に仕事をしている仲間はもちろん、取引先やお客さん、すべての人を含みます。関係者全員が、お互いに感謝しているとしたら、そこの会社は、間違いなく経済的にも成功していることでしょう。

どれだけ、感謝が行き交っているか、簡単に計る方法があります。それは、プレゼントや感謝状が、オフィスに行き交っているかで、わかります。お客さんから感謝の手紙やプレゼントをもらっているところは、すごく上手くいっているでしょう。また、会社の中でも、お互いに感謝するような文化があるところは、和気あいあいとしていて、楽しい雰囲気があることでしょう。そんな職場が増えていくといいなと思います。

あなたが、それをスタートすることもできるのです。誰かをつかまえて、感謝してみましょう。それは、周りに静かに伝染するでしょう。

¥

「ありがとう」をたくさん集めた人が、幸せに成功する

ビジネスの本質は、「誰かを助けてあげること」です。

便利な商品やサービスを考えたり、作ったり、その情報を教えたり、売ってあげるのが、ビジネスです。それが、大企業であれ、小さな商店であれ、基本は全く変わりません。働く立場が従業員でも、社長でも、誰かの役に立つことが、その人の仕事です。それぞれの役割と、奉仕の量と質の違いが、報酬の違いを生んでいるだけです。

ビジネスの世界で成功するのに、簿記や会計の勉強は必ずしも必要ありません。「自分がやれることで、一番周りの人が楽になること（はたらく）」をやればいいのです。

そのためには、無理なく楽しめて、人に喜ばれることをやったらいいでしょう。たいていの場合、それは、その人が一番好きなことの周辺にあります。

実際に、億万長者にインタビューすると、「大好きなことを仕事にするのが、一番大切だ」と口をそろえて言っています。

誰かを喜ばせる事ができる人は、退屈に仕事をしている人の何倍もの収入を得ています。自分のベストを出して、仕事に打ち込んだ結果、あなたが受け取るのは、たくさんの「ありがとう」です。同時に、あなたも、今の仕事をやらせてもらっていることへの感謝で心が満たされるでしょう。

毎晩、寝る前に、「明日は、どうやって、お客さんや一緒に働いている人たちを楽しませられるかな?」とワクワクしながら眠りにつく人は幸せです。そういう人は、仕事で、朝から晩まで、たくさんの「ありがとう」をもらっているでしょう。また、普通の人が考えもつかないクリエイティブなやり方で、仕事のレベルもアップさせていくので、それが、またより多くのありがとうを集めることになります。

あなたは、今の仕事でどのくらい、感謝されていますか?

それが、あなたの幸せ度、成功度のバロメーターです。

幸せなビジネスの周辺には、「ありがとう」がたくさんあります。配達してくれてありがとう。

こういう商品を探していたんだよね、ありがとう。

自分がやっていて、楽しくて仕方のない仕事、ワクワクすることをやってください。それが、あなたの「こころからのありがとう」となって、あなたが扱う物やサービスから溢れ出ていくでしょう。それを感じるお客さんが、また次のお客さんを連れてきてくれるという、口コミのサイクルがスタートします。

そんなたくさんの「ありがとう」を集めることができた人は、自然と成功するのです。

¥

幸せな経済自由人は、大好きなもので、人生を満たしている

あなたは、自分の大好きなものに、どれだけ囲まれているでしょうか？

あなたの仕事は、好きですか？　あなたの住まいは好きですか？一緒に暮らしている人は好きですか？　一緒に働いている人は好きですか？　あなたの持っているものは好きですか？

あなたの住んでいる地域は好きですか？　私は、人生の幸せとは、どれだけの「好き」に囲まれているかで、決まってくると考えています。自分のことが好きで、住んでいる家、家族、友人、仕事、地域を深く愛している人は、それだけで、もう十分幸せだと言えるでしょう。

しかし、さきほどの「自分の人生好き度チェック」で、ウッと詰まった人もたくさんいたのではないかと思います。普通の人は、好き嫌いで物事を判断して人生を生きていないので、新しい考え方にびっくりしたかもしれません。

自分の周りにある「大好き」を増やしていくと、人生が楽しくなってきます。

まず、身の回りのものから、見ていきましょう。自分の住んでいるところは、好きな場所でしょうか？　家の中の家具、食器、インテリアは気に入っているでしょうか？　着ている服、車などは、どうでしょう？　決して高いものをそろえる必要はありませんが、自分の気に入ったものにしましょう。

自分の周りを好きな物で満たしていくと、人生に対する感覚も変わってきます。楽しんでいいんだ！　という許可が、自分にできるからです。

今幸せでないとしたら、その人は、自分を罰するかのように、嫌いな仕事、嫌いな家、嫌いな人に囲まれて暮らしているはずです。自分のコントロールできる範囲から、「自分の好き」を増やしていきましょう。

少しずつ、あなたの幸せも増えていくようになります。

¥ 幸せな経済自由人は、言い訳をしない

あなたの周りに、言い訳が上手な人がいますか？

実力はないのに、言い訳だけ立派な人は、どこにでもいます。彼らは、ものすごくクリエイティブです。世界中が納得してしまう「できない理由」「やれない理由」を探し出す力があるのですから。

言い訳が上手な人は、「自分が悪者にならない」ことに全精力を傾けています。

彼らには、上司、パートナー、会社、家族、両親、国、経済など、責められるべき存在は、いくらでもいます。自分の身に火の粉をかぶらないようするのは、生存本能なのでしょう。

あなたの周りに、「言い訳の天才」とでも言える人はいますか？

その人たちは、どんな人生を生きていますか？

彼らに心の平安はあると思いますか？

言い訳の天才は、「自分には、正当な理由がある」と主張しています。

しかし、自分の正当性が認められるのと引き替えに、低いレベルの仕事、給料、待遇、退屈な毎日が手に入っています。

幸せな経済自由人は、言い訳を一切しません。なぜなら、自分で人生を変えられると考えているからです。目の前の状況に満足できない場合、その現状を変えるか、受け入れるかのどちらかしかありません。目の前の状況に対して、文句を言っていたところで、何も変わらないことを彼らは知っています。

困難な状況に陥ったときこそ、自分のすべての力を総動員する良いチャンスです。幸せな経済自由人たちは、数々の人生やビジネスの難題をクリアーしながら、パワフルになっているのです。

言い訳は、すればするほど、自分の力を失うことになります。それは、言い訳をしているうちに、自分が目の前の状況の被害者になってしまうからです。そんなとき、とてもそれを解決する力が自分の中にあるとは、考えられなくなります。

言い訳作りは、一度やりだすと、習慣にもなるし、麻薬のようなものです。それさえあれば、人生で責任を取らなくてもすむので、はまったら抜けることができません。

言い訳の天才をいい反面教師にしましょう。どれだけ素晴らしい言い訳を続けても、いずれ清算しなければいけないときがやってきます。

あなたは、今、人生の支払いをしますか？

それとも、すべての言い訳がなくなってから、一括清算しますか？

¥ 自分の未来にワクワクしよう

「彼には見所がある」とか、「将来が楽しみだ」という言葉があります。しかし、一般的にこの表現は、子供か、若者にしか使われません。

60過ぎの人をつかまえて、「あの人は将来楽しみだ」とは、なかなか言わないでしょう。年齢が上にいくにつれ、可能性はしぼんでいくというのが一般的な感覚だからです。

本当は、年齢が高いほど、経験、人脈、知識も豊富なわけだから、成功しやすいはずです。けれども、一番大切な本人の意識が、年を取るほど、制限的になっています。だから、可能性もそれに比例して、限られていくのでしょう。

幸せに生きている人は、いつでも、新鮮な視点で人を見るし、自分のことも判断します。私は、20歳ときに決心してから、自分を自由にしようと意識してきました。私が経済的、社会的、精神的に自由になるにつれ、自分に対しても、周りの人に対しても、可能性を感じられるようになりました。

自由な人は、自分だけでなく、周りの人の可能性も無限にあると感じています。

たとえば、何かの相談にのっていても、「この人なら、すごい可能性があるな〜」とワクワクしてあげられるようになります。本人には見えない可能性を見てあげられるのです。

あなたは、今とまったく違う職業につくことは考えられますか？

今までとは別の才能を使っている自分を想像することができますか？

言葉の違う国に引っ越す可能性はありますか？

あなたは、これからの自分の可能性はどれくらいあると感じていますか？

それは、どうしてですか？

自分の未来にワクワクするのに、理由は必要ありません。

根拠なく自分の可能性にドキドキしてみましょう。

あなたのワクワクする未来は、
どんなものですか？

¥

「幸せな人生」を先延ばしにするのはやめよう

誰でも、「やろうと思いながら、なんとなくそのままになっていること」があると思います。あなたには、そんなことがありますか？　普通の人が成功できない理由に「先延ばしにする癖がある」というのがあります。

それを聞いたとき、ほとんどの人は、積立貯金をしていないこととか、ダイエットが続かないことをイメージするでしょうが、そういうことは、たいして害のない先延ばしです。

人生を蝕む先延ばしは、「心からやりたいことの先延ばし」です。

普段意識していなくても、「やるのが大切だ」と思っていることが、誰にでもあることでしょう。それは、通勤途中で気になっていた店に行くという、ちょっとしたことかもしれません。家族と過ごす時間を取ること、しばらく連絡を取っていない実家の両親に電話を入れることがそうかもしれません。また、海外旅行に行くとか、大学に戻るとか、転職をするという大きなことかもしれません。

自分だけの時間を作って、「やりたいこと」のリストを作ってみましょう。

歌のレッスンを受けてみる
気になる人の講演会に行く
サーフィンをやってみる
生け花を習ってみる
自分の好きな分野で働いている友人と会う
資格試験の学校のパンフレットを取り寄せる

こんな感じでできあがってきたリストを見て、時間的、経済的に負担のなさそうなものから、やってみてください。

たぶん、最初はドキドキしながらでしょうが、やっていくうちに、弾みがつくと思います。可能なら、少しリスクを冒して、本当にやりたいことに挑戦してみてください。今までにない躍動感を感じると思います。

もし、できたら、今までずっと決断できなかったことも、決めてみましょう。

数年一緒に住んできたパートナーに、結婚を申し込む

事業計画書を真剣に書いてみる

海外留学を決める

両親との同居・別居を決める

パートナーとの別居、離婚を決める

「あなたが好きです！」と告白する

私は、定期的に、大事なことで先延ばしにしていることのリストを作っています。

ほんのささいなことから、大きな事まで、あなたの「先延ばし」を少なくしてください。

今を生きることが、上手にできるようになると、あなたに必要なチャンス、情報、人をより引き寄せやすくなります。

今、あなたが、やろうと思っていることに、勇気を持って、立ち向かいましょう！

あなたの人生の大切なことリストを作りましょう

¥ 経済自由人への道は、ゆっくりと歩くのがコツ

気が早い人は、ビジネスをスタートさせる時、短期間で結果を出そうとします。ベンチャーブームの影響で、すぐに成功することが、〝かっこいいこと〟だと考えられるようになったためでしょう。しかし、たいていの場合、空回りして、エネルギーをロスすることが多いようです。

私がお付き合いしている幸せなお金持ちたちは、ゆっくりお金持ちになった人たちばかりです。自分の愛するライフワークを5年、10年続けているうちに多くの人が評価してくれるようになり、気がついたら、成功していたというのが、その共通点です。

最初から大きくしようとすると、どうしても無理が出てきます。10年でできることを1年で達成するのは、すごい事のようにビジネスの世界では考えられています。しかし、それは果たして自然なことなのでしょうか？　私のメンターは、「子供に、生まれて数年で大人になれ！

というようなものだ」と教えてくれました。

ゆっくり着実に成長していくことが、本物の成功であり、ゆるぎないものになるというのです。ビジネスで成功するためには、社内のシステム、人材を育てること、お客さんとの信頼関係を築くことなど、時間がかかることがたくさんあります。

ゆっくり成長することが素晴らしいのは、関係者がバランスを崩さないでいられることです。急成長をする会社をたくさん見てきましたが、病気になる人、離婚する人、家族に問題が出てくるなどの状況が発生することが多いのに気づきました。トップである経営者も、毎日嵐の中にあるような気分で生活しなければならなくなります。

焦らなくても、しっかりとした経営をやれば、会社は着実に成長します。それは、ビジネスがある意味で、複利で展開していくからです。広告をしなくても、お客さんの口コミで着実に広がっていきます。目の前にある仕事を淡々とこなしていく、その先に成長があるのです。

自分の成長に合わせて、ゆっくり成長させるぐらいの気持ちで、仕事をする人が増えるのを私は願っています。

深呼吸して、豊かに生きている
将来の自分をイメージしましょう

¥ 経済自由人は、目標を楽しみながら達成している

目標という言葉を聞くと、小学生以上の人は、たいてい複雑な感情を持つと思います。それは、目標を達成したことより、できなかった体験のほうが多いからです。たとえば、セールスや勉強の目標を立てて、月末に落ち込む人がたくさんいます。

思い返せば、小学校の頃、夏休みの宿題を休みの日数で割って、1日何ページというのが、目標設定との出会いかもしれません。けれど、多くの人が体験したように、計画どおりに上手くいかないものです。それ以来、どれだけの目標を立てて、実現してきたでしょうか？　あなたの目標達成率はどれくらいでしょう？

もう、聞かないで！　という声がたくさん聞こえてきそうですね。

なぜ、この達成率が低いかというと、それは目標を達成する過程を楽しんでいないからです。

目標を立てる時に、最初から頑張ろうとするからです。目標達成することを悲願とし、それに向かって、努力あるのみ！　という感じでやるので、無理してしまうのです。

目標ということを考えただけで、もうダメかも！　と気持ちの上で、負けてしまっている人もたくさんいます。

幸せな経済自由人の人を見ると、彼らは、目標達成をゲームのように楽しんでいることがわかります。「この目標を達成したら、どれだけ楽しいか？」を最初に考えます。たとえば、私はアメリカに移住するという目標を作りました。そうすると、こんな感じです。

目標は家族でアメリカ移住。目標達成期限は一年後。

移住することで、ワクワクすることは……とその理由を書き出します。

そのために考えられる課題は……。

そして、それをどうやって解決していくのかを細かく分けていきます。

あとは、そのリストを上から順に、こなしていけばいいのです。それができたら、チェックして消す。その作業を続けていると、最終的に目標が達成できます。このやり方だと、クイズを一個ずつ解いていくようなワクワク感が楽しめます。このやり方が最高なのは、何度間違っても、正解するまで答え続けていいということです。

目標と向き合って、苦しみながら、落ち込むのか、楽しくやっているうちに、実現させていくのか、同じものでも、あなたの態度によって、ずいぶん違うものになるでしょう。

目標は、楽しみながら、達成しましょう。

¥ 成功する人は、リスクとギャンブルの違いを見極めて行動する

経済自由人と、普通の人が違うのは、リスクを取れるかどうかです。多くの人は、人生を変えたいと考えながら、実際の行動には移しません。それは、いろんなリスクがあると考えているからです。万が一失敗したらどうしようと、考えただけで、足がすくんでしまうというのは、どんな人にも経験があるでしょう。

興味深いのは、世の中には、機が熟しているのに行動しない人がいる一方で、何の準備もできていないのに飛び出す人がいることです。それでは、成功できません。これが、成功している人がとても少ない理由です。

多くの人が行動に移さないのは、失敗が怖くて、リスクを冒すことができないからです。リスクを冒すことができなければ、成功することもないでしょう。

一方で、無謀な人は、危険を省みず、何も考えずに崖の上から飛び降りてしまいます。それでは、最初から失敗しに行くようなものです。

幸せに成功するためには、このあたりのことを知っておく必要があります。

リスクとは、失敗する可能性を理解した上で冒すものです。もちろん、失敗することもありますが、成功することを前提に考えています。冷静に、最悪の場合、どうなるのかを考えて、それから、「えい！」と果敢に行動に移すことで、成功をつかむイメージです。

ギャンブルは、失敗することを前提に考えています。もちろん、まぐれで成功することもあるでしょうが、長くは続きません。たとえていえば、悪魔とじゃんけんするようなものです。勝ったら、掛け金を倍にしてもらえますが、負けたら没収される条件では、いずれすべてを失うのは目に見えています。崖の上から、飛び出して、「翼よ、出てこい！」と叫ぶようなものだといえば、わかりやすいかもしれません。

リスクを冒す時、人は、たいてい静かなワクワクと不安を同時に感じます。引き返すこともできますが「行くぞ！」という静かな決意を感じることができます。

ギャンブルの場合は、「行かなくちゃ、死んでしまう。どうせ死ぬなら、華々しく散るぞ！」

という感じなのです。

興奮状態を味わいたいのと、恐れを感じるのがいやなときに、人は、ギャンブルに走りたくなります。

この2つの心理状態を見極めて、賢く決断してください。

¥

あなたは、一生の40万時間をどう使いますか？

本屋さんに行くと、世の中には、たくさんの時間術があることがわかります。しかし、よく見ると、著者のほとんどは、超多忙などジネスマンが多く、スケジュールをどう能率よくこなすかがメインテーマになっています。

私が、時間の使い方について、いつも考えるのは、きこりの話です。ある人が、山できこりが古いノコギリを使って、木を切っているのを見て、「そんなノコギリじゃ、能率悪いよ。研いだらもっと、すぐに木を切れるようになる」とアドバイスしたところ、そのきこりは、「冗談じゃない。自分にはそんな時間はないんだ！」と叫んだという話です。

私たち家族は、普段目覚まし時計を使わない生活をしています。特に何時に起きなければいけないということがないからです。自分たちがベストなタイミングで目を覚ますようにしています。

娘の学校も自由なところなので、好きな時間に登校すればＯＫです。朝ご飯を一緒に食べた後は、本を読んだり、ゲームをしたり、楽しくすごしています。心の準備ができた時点で、娘は学校に行くようにしています。

人はどうしても目の前のことに意識を奪われがちです。今やっている仕事をいかに効率よくこなしていくのかも大切だと思います。しかし、カメラを引いて、大きな視点から見てみると、ひょっとしたら、その仕事自体をまったくする必要がないかもしれないのです。

幸せで豊かな人は、日常生活でやらなければいけないことが、とっても少ないものです。自分らしくない生き方をしていると、やるべきことのリストに埋もれてしまいます。

ひょっとしたら、あなたの仕事もやり方を大きく変えることで、時間を生み出せるかもしれないのです。

朝の5分、10分をどう使うかをいくら考えても、人生全体でたくさんの時間を生み出すことはできません。私から見ると、朝の5分、10分をどう使うかを考えないといけない生き方について見直すことの方が、よほど大事だと思います。

極端なことを言うと、忙しくなる原因の仕事を手放すという方法もあります。仕事をやっているうちは、とてもそれが大事に思えますが、その仕事をやらなくても、人生を生きていけるのです。

その時間の見直しに成功すると、ごっそり30年分の時間を手に入れることができます。時間から見た人生は、40万時間をどう使うかで決まります。一番大切なことに使いましょう。

第3章

¥

幸せな経済自由人は
クリエイティブに
人生をとらえている

¥

自分を過保護にする「ボディーガード」に辞めてもらう

何かをしようというとき、途中で恐くなってやめてしまうことがあります。

それは、自分の内側の声が、「危ないかもよ」とささやくからです。

ある統計によると、日本人の子供は、5歳までに、両親から「ダメです」「いけません」「危ない」などの言葉を数万回聞かされるそうです。昼間の公園に行ったら、5分でそれがどういう意味かわかると思います。お母さんが、自由に遊ぼうとしている子供を「ダメ」とか、「そっちは危ない」とか叫んでいるのが聞こえてくるでしょう。

小学校に上がる頃には、親の声は必要なくなります。私たちの中の「ボディーガード」が、何かあると、「危ない」「ダメだよ」とささやいてくれるからです。

何か楽しそうなことをやろうとしても、その声が止めます。それは、まるで、やんちゃな王子様が遊ぼうとするところへ、ボディーガードが止めに入るかのようです。

私は、子育ての最中、「ダメ」とか「危ない」という言葉は、絶対に必要でないかぎり、言わないようにしていました。でも、その難しいこと。一言につき、1万円の罰金でも取らなければ、不可能なほど、つい口にしていました。子育てをしている両親ならよくわかってくれるでしょう。

やっかいなのは、その内なるボディーガードは、大人になってからも、親切にも24時間私たちを危険から守ってくれることです。新しい恋愛、出会い、ビジネス、チャンスがやってきても、「危ない」「とりあえずやめておいたほうがいい」というもっともな声で守ってくれます。あなたの身の安全を確保するのが彼らの仕事です。どれだけ私たちの人生が退屈になっても、彼らは関係ありません。

もちろん、このボディーガードは、ただでは働いてくれません。あなたの未来の素晴らしい可能性がその代償です。彼のアドバイスを聞いてリスクを冒すのを辞めるので、平凡な人生を生きなくてはいけなくなります。それでは、破産しないために、高額な保険料を毎月払って、生活するお金に困っているかのようです。たしかに最悪の事態は防いでいるのかもしれませんが、はたして、それでいいのでしょうか？

このからくりに気づいたら、自分の安全を必要以上に守ってくれる、内なるボディーガードを解雇しましょう。正式に、契約書を作って、破ってみるというのも、おもしろいと思います。

実際にやろうとすると、ちょっと不安になってしまう自分もいて、安全がほしいと感じている自分に驚かされます。深呼吸して、思い切ってやってみると、ボディーガードのいない人生は、実に快適です。24時間誰に監視されることもなく、自由にできるのですから。

あなたは、1日何回、内なるボディーガードの声を聞いていますか？

ボディーガードにやめてもらうと、どんな人生が待っているでしょうか？

最近、不安になって、行動しなかったことはありますか？

自分の人生の運転席に、他人を乗せてはいけない

私は、今までいわゆる就職というものをしたことがありません。それは大学3年生のときに、ある方に話を聞かせてもらって、普通のコースの人生はやめようと考えたからです。彼は、就職をバスに乗ることにたとえて説明してくれました。

たいていの人は、とにかくバスに乗り遅れてはいけないというので、行き先とバスの車体の新しさしか、見る余裕がありません。実際に乗ってみて、初めてどういう人が乗っているのかに気づきます。でも、あまり考えずに、就職先を決めるのは、行き先も知らないバスに乗っているようなものです。

優秀な人、何かに気がついた人、勘違いに気づいた人、自分の車を運転したくなった人は、先に下車していきます。なんとなくタイミングを計っているうちに、あなたのバスは、次の停

留所に向かっているのかもしれません。

一方、人生を車にたとえる人もいます。あなたが車に乗っているなら、どの席に座っていますか？　運転席？　助手席？　それとも、後部座席でしょうか？

こうやって考えると、驚くべきことに、多くの人が、自分の人生の運転席に座っていないことがわかります。助手席に座って、パートナーの運転をなじっている人もいるでしょう。また、後部座席に座って、誰かが運転してくれるのをひたすら待っているかもしれません。

あなたが、運転席に座っていたとしても、周りから、うるさく指示がきたり、口出ししたり、文句を言う人はいませんか？　それは、パートナーだったり、両親、兄弟姉妹だったり、子供ということもあるでしょう。

あなたの人生は、あなたが決めていいのです。

自分が、運手席に座って、しっかりと人生のハンドルを握りましょう。

¥ 経済自由人は、アイデアノートで、楽しい人生を作っている

私が今まで尊敬していたメンターの方々は、いつも手元にノートとペンを持っていました。彼らは、ちょっとしたことでも、メモを取る癖がありました。

何を書いているんだろうと、興味を抱いた私は、ある時、メモを見せてもらったことがあります。アポイントでも書き留めているのかな〜と思っていましたが、そこには、全く違うものが描かれていました。なんと、そのメモ用紙には、たくさんの落書きのような絵とキーワードが描いてあったのです。

「なんだこりゃ??」と面食らった私に解説してくれました。

「ここには、アイデアが描いてあるんだよ。新しく思いついたことを絵にまとめて、脳を刺激しているんだ」というのです。

そのときは、「ふ〜ん、さすが偉い人は違うんだな」としか思いませんでしたが、今では、よくそのことが理解できます。

忙しい人や仕事に追われている人の手帳には、ぎっしりとスケジュールが書き込まれています。そこには、新しいプロジェクトややるべきことのリストでいっぱいだと思います。それは決して悪いことではありませんが、気をつけないと、ひとつの仕事が次の仕事を生み、人生を楽しむどころではなくなってしまいます。

一方、経済的、時間的自由を謳歌している人は、そういうスケジュール手帳を持ってはいません。その代わりに、人生を楽しむアイデア帳を使っているのです。

「これをやったら楽しいだろうな〜」とか「こういうのは、今からの時代に必要なことだ」というように、ワクワクするアイデアのイメージを描きとめているのです。

私の場合、いつもアイデアノートを持ち歩いていますが、それに何かメモするたびに、自分や周りの人の人生が素晴らしく変わっていくという体験をしています。

たとえば、7年近く前、娘と公園を散歩しているときに、ふと思いついて、2つの円を描いたことがありました。それは、幸せという円とお金という円でした。

そのときに直感的に感じ取った「お金と幸せを両立する生き方」というコンセプトが、後の私の著作シリーズに展開されていきました。その考え方は、私も含めて、数百万人の人に影響を与えることになったのです。

忙しい人生を作り出すために手帳を使うのか、人生を楽しむためにノートを使うのかで、あなたの毎日のクオリティーは、全く違ってくるでしょう。

やることリストももちろん大事ですが、自分の人生をワクワクさせる絵も一緒に描いてみてください。

¥

優秀なアドバイザーを持とう

人は誰にアドバイスを求めるかで、もう答えを決めていると言えます。独立するかどうかで迷っているとき、自信がない人は、止めてくれそうな人にアドバイスを求めます。案の定「まだ早い」と言われて、ほっとしたりします。

私は日本に帰ると、たまに原稿をファミリーレストランで書いたりしますが、先日、隣の女子大生風の2人連れが、別れ話の恋愛相談をしていました。大声で話しているので、つい聞いてしまったのですが、2人ともどうしたいのかわからないで、話が堂々めぐりをしていました。たぶん、本当に別れたければ、はっきり言ってくれる先輩に相談をもちかけたことでしょう。

私は、普通の人が成功しない理由のひとつに、良いアドバイザーを持っていないことがあると考えてます。今勤めている上司に独立の相談をしても、的確なアドバイスがもらえるとは思えません。本気なら、脱サラして成功している人のところに行くべきです。

幸せに成功している人は、自分ができていることと、できないことの違いをよく知っています。また、普段から、自分が「誰に何を聞くべきか」を明確にしています。

彼らは、自分の専門分野に関しては、誰にも負けない情熱とパワーで、一流になっています。しかし、自分が詳しくないことは、その分野を徹底的に極めている人から話を素直に聞くという習慣を持っています。それは、彼らがある分野に詳しくなって、一流の知識を習得するには、すごい時間と労力がかかるということを、身をもって知っているからです。

たとえば、法律的な事を調べるのに、素人がやったら何十時間調べても、答えのありかすら見つからないでしょう。しかし、一流の顧問弁護士に聞けば、1分で答えが出たりします。

同じように知恵も得がたいもののひとつです。安定して成功する人がメンターを求めるのも、この知恵の大切さをよく知っているからです。先人が失敗した場所を事前に知ることができれば、同じ轍をふまずに済ますことができます。

誰に何を聞けばいいのか、それを知ることが、成功への近道と言えます。私は、若い頃から、質問力を大切にしてきましたか、それも、このアドバイザーの力を最大限に利用するためです。

幸せに成功している人は、優秀なアドバイザーグループを持っています。経済関係、ビジネス、健康、精神的な面で的確なアドバイスを受けています。

優秀なアドバイザーを何人もお願いしておきましょう。それが、あなたの人生のクオリティーを高めてくれます。

￥ 自分を最初に喜ばせてみよう

あなたは、毎日を楽しんでいますか？

自分だけのために、心から楽しい時間をどれだけ持っているでしょうか？

一番最近、心から楽しかったのは、いつでしょう？

聞いてみると、自分だけの楽しみの時間を持ったのは、ほとんどの人で、数ヶ月前、ひどい人になると、数年前にさかのぼらなければいけませんでした。

それだけ、楽しんでいいと思っている人が少ないということでしょう。子育て中のパパ、ママ、受験生、仕事でバリバリ活躍している人も、例外ではありません。興味深いのが、一人暮らしの人でさえ、ゆっくり時間をとって、自分のためにだけ楽しむ習慣がない人が多いことです。

現実的には、毎日だと、時間が取れないかもしれません。けれど、1ヶ月に1日だと、なんとかなるかもしれません。数時間でもいいので、自分とデートしてみてください。

幸せな経済自由人を目指すのなら、人を喜ばせるという習慣を身につけましょう。最初の一人として、ぜひ自分を喜ばせてください。ところで、この楽しみというのに、自己投資や休息の時間を含めてはいけません。ゆっくり寝るとか、勉強するというのは、忙しい毎日から回復する行為や、将来役立ちそうな行為であって、デートではありません。純粋な楽しみになることだけをやってください。

私は、森の中でピクニックをしたり、1日好きな本を読んだり、映画を見たりして、自分の楽しみの時間を作っています。何も考えずに、ただ「楽しい!」と思える時間をすごすことは、人生でもっとも大切な時間です。

できたら、1ヶ月に1度と言わず、楽しむ日を少しずつ増やしていきましょう。

¥ 自由人は、ささいな日常の家事も、大切にしている

経済自由人というと、世界中を旅行して、好きなことだけしかしていないというイメージがあるかもしれません。でも、私が知っている幸せな経済自由人たちは、意外に地味な生活をしています。彼らは、旅行などの非日常的なことも楽しんでいますが、普通の日常を楽しむ天才でもあります。

日常的に楽しめることに、家事があります。多くの人にとっては面倒くさいことかもしれませんが、それは、日常の大半を嫌いなことをやって、すごしているからです。

専業主婦の方は、どんな気持ちで毎日家事をしているでしょう？　いつも楽しく家事をしていますか？　それとも、私は、こんな価値のない仕事をずっと続けるだろうか？　と焦りにも似た感情を味わっているでしょうか？

私も、子育て中心の4年間は、専業主夫として、今晩のご飯は何にしようにはじまり、洗濯、買い物など、家事を妻の特訓のもと経験しました。なので、「自分が何の価値も生み出していないイライラ感」はよくわかります。

私は、現代の最大の悲劇は、日常生活に価値を置かなくなったことだと思っています。毎日家で単調な家事をしているより、外に働きに出たほうが、有意義だという観念があります。能率的に生きる人は、忘れがちですが、人間も動物です。食べ、寝て、排泄するのが基本です。生きていくことへの意識がおろそかになってしまうと、単なるビジネスマシーンなりかねません。

私は、普段の生活で、家事こそ一番の贅沢であり、楽しいことだと思っています。能率の世界に生きていると、家事を楽しむという感覚はわからないかもしれません。一人でやるから、つまらなくなることも、家族みんなでやるようにすれば、これほど楽しいプロジェクトもありません。仕事で忙しくしている人にこそ、特に家事をお勧めします。

単調になりがちな家事は、意識を変えると、瞑想的で、たくさんアイデアが出てきます。単調だから、価値がないなんて、いったい誰が決めたんだろうと、私は不思議に思います。

人生では、家族との時間、友人と遊ぶ時間など、楽しめて素晴らしいものほど、非効率です。その非効率さの象徴のような家事を楽しめるようになると、あなたの人生から、殺伐とした感覚が消えていきます。それが、不思議なかたちで、あなたの人生に安らぎをもたらし、結果的に、お金や仕事の面でも、豊かさをもたらしてくれることになります。

お金持ちの家は、風水を取り入れて、すっきり片づいている

最近、私が興味を持っているものに、風水があります。風水といっても、中には迷信的なものもあるようですが、本物は、きわめて科学的です。

たとえば、風水というと、黄色の花瓶をこの方角に置くと良いといった、迷信的な印象があるでしょう。でも、よく聞いてみると、オレンジ色や黄色が、気持ちを明るくするといったことは、色彩心理学の範囲です。また、家具を左右対称に置いたりすると、それをたえず見ている脳に、ストレスがかからないというのは、脳科学から説明できるのです。

先日、親しい風水専門家にアメリカの自宅を鑑定してもらいました。そのときに、いろんなことを教えてもらいました。アドバイスのすべてが、なるほどな〜と思うことの連続でした。壁の色を変えたり、一部を改装するだけでも、ずいぶん違いを感じました。

引っ越ししたり、家を大改造するとか、大げさなことをやらなくても、誰にでもすぐにできることはあります。自分の好きな生花を置いたり、小さなキャンドルを灯したりするだけで、部屋の雰囲気は、がらっと変わります。ろうそくの炎は、左右の脳のバランスを整える働きがあることが実証されているそうです。それ以来、原稿を書くときは、デスクの上に、キャンドルを灯して、その炎が見えるように置いています。

私の家では、それ以来、整理整頓したり、キャンドルやお花をきらさないようにして、家族全員で気をつけています。すべてを風水に従っているわけではありませんが、以前よりも、ストレスが確実に減って、生活を楽しめるようになった気がします。

改めて意識してみれば、幸せで豊かに暮らしている人の家は、きれいに片づいているのに、気づきました。あれが、いわゆる気の流れが、すっきりしている状態なのだと、自分なりに理解しています。高級な家具をそろえなくても、不必要なものは、できるだけ置かないことなどは、すぐに真似できるでしょう。

忙しい人は、住宅環境を軽視しがちです。心からリラックスできる家を持つのか、単に寝るためだけの家を持つのかで、大きな違いが生まれます。

自分が普段時間を過ごす場所を気持ちのいい空間に整えておきましょう。帰ってくるのが楽しみな家を持つことは、その人をハッピーにし、人生のクオリティーを高めてくれます。また、人が遊びに来たくなる家を持つことで、その人の人脈運も、何倍も高まるはずです。

自分にとって、気持ちのいい空間をデザインしてみてください。きっと、楽しい変化を感じられるでしょう。

¥

あなたには、自分の好きな場所に住む権利がある

あなたは、今住んでいる場所を気に入っていますか？

一般的に、みんな自分の住む場所をなんとなくで決めていると思います。今の家に住んでいる理由を聞いてみると、たいてい3つの答えが返ってきます。「昔から住んでいるから」「会社もしくは学校の近くだから」「自分の経済力に合っているから」。

そこには、今の場所が好きだからとか、楽しいからという言葉は出てきません。

日本では、法律的に、強制的にどこかに住まなければいけない事情はないはずです。しかし、ほとんどの人が、「引っ越しをしてはいけない」かのように生きています。

子育て、介護など、家庭的な理由で、移動できない場合もあるでしょう。けれど、自由に発想することができれば、全く違う人生を生きることもできるのです。

たとえば、湿気の少ないところ、四季のはっきりしたところ、ウィンドサーフィン、スキーができるところなど、自分の趣味に合わせて家を決めてもいいのです。

もし、あなたが、理想の場所に住んでいないなら、自分で作ってしまった心の制限をはずして、自由に考えてみましょう？

今の町でなく、隣町は、どうでしょう？　また、都会の人は田舎に、田舎の人は都会に、移住することを想像してみましょう。そうやって考えたり、実際に行動に移してみると、自由の意味がわかってくると思います。

その結果、実際にどこかに移住しなかったとしても、今住んでいる所がもっと好きになったり、誇らしく思えるようになるでしょう。

あなたが、本当に好きなところに住むことを考えましょう。

¥

小さい子供と遊んで、自由な感性を取り戻そう

あなたは、最近小さい子供と遊びましたか？

私は、できるだけ、小さい子供と一緒に遊ぶようにしています。ただ純粋に楽しいということもあるのですが、いろんな気づきがあるからです。

娘がまだ幼稚園にいたとき、彼女の友達が家に遊びに来ていました。絵を描きたいと言うので、白い紙を出してあげました。お水を取りにいって、戻ってきた私はびっくりしました。子供たちが描く絵は、白い画用紙から大きくはみ出し、なんとテーブルにも広がっているではありませんか！

これが小学生なら、白い画用紙の範囲で絵を描こうとするでしょう。ですが、小さい子供は、白い画用紙の範囲内で絵を描こうとは最初から思っていないし、はみだしたからといって、気

にしないのです。小さな女の子たちの絵は、机から大きくはみだし、机もキャンバスの一部に使った作品になりました。

子供と遊ぶと、普段どれだけ自分たちが自由さや創造性から切り離されているかを思い出します。ちょっと、観察しているだけでも、日常生活で忘れてしまいがちな遊び心を刺激してもらえます。そういう意味で、子供は、創造性を開発してくれる天才だと言えるでしょう。

一緒に遊ぶのは、自分の子供でなくてもかまいません。親戚の子供、友人やちょっとした知り合いに子供がいれば、ベビーシッターを喜んで買ってでましょう。10分でもかまいません。遊びに行ったついでに、子供に遊んでもらえばいいのです。何も考えずに、子供の周りをうろしているだけで、刺激を受けるでしょう。

1日一緒に遊ぶと、体はぐったり疲れますが、頭と心は、とてもリフレッシュしていることと思います。

¥ 毎日の生活に、システムを作ろう

あなたは、毎年いつ頃年賀状を書きますか？

この質問に対する答えで、あなたの日常生活のストレス度がわかります。段取りのいい人は、11月には住所録を整理しはじめ、年賀はがきが発売されると、すぐに処理してしまいます。毎日をあわただしく送っている人は、仕事納めの後、紅白を見ながら年末ぎりぎりに書いていることでしょう。

ドキッとしたあなたは、相当ストレスがたまってそうですね（笑）。

生活を観察してみると、だいたい日常の70％くらいは、決まった作業の繰り返しでできています。

朝起きて、着替え、会社や学校に行く。帰ってきたら、一通りの家事をこなして眠りにつく。

毎日繰り返している部分をシステム化することができれば、ずいぶん無駄な動きをしなくてすみます。日常の買い物、部屋の片づけ、領収書の整理などをマニュアル化できていれば、余分なストレスが減ります。しかし、それをシステム化している人は、ごくごくわずかです。

幸せに生きている人の人生には、余分なストレスはありません。それは、この繰り返しの部分をうまくシステム化しているからです。

あわただしい毎日を送る人の日常には、このシステムがありません。こういう人は、朝起きてから捜し物をして5分出遅れ、駅の改札で定期が切れているのに気づき、イライラしながら、切符を買っているはずです。会社では、上司や取引先、家庭でも、パートナーや子供のリクエストに追われているかもしれません。

時間を取って、自分の人生をシステム化できるか考えてみましょう。1年、1ヶ月、1週間の流れを考えて、家事や仕事、そのほか様々な場面で、システム化しましょう。

たとえば、家や職場では、物の置き場所を決めておいて、出したら元に戻すという単純なことを守るだけでも、ずいぶん捜し物の時間が減るはずです。

生活をしていると、日常的な買い物、物の交換など決まった作業があるはず。調味料、電球、トイレットペーパー、歯ブラシ、浄水器や空気清浄機のフィルターなどの消耗品のストックを、あらかじめ考えておけばいいのです。

「マニュアルを作ったりしたら、味気なくなるんじゃないか」という声もあるかもしれませんが、それは、ストレスの少ない人生を送ったことのない人が言うことです。

今まで無駄にしていた時間とエネルギーをもっと自分のやりたいことに使いましょう。

¥

テレビを消して、毎日本を読む人が、成功する

現在、成功している人のほとんどは、読書家です。アメリカのエグゼクティブは、平均して、1日1時間以上を読書に使っているというデータもあります。超多忙なスケジュールの合い間をぬって、彼らは読書する時間を作っているのです。そのため、アメリカでは、車で聞くために、ビジネス書が吹き込まれたCDがよく売れています。

実際に、アメリカのお金持ちの家に行くと、エンターテイメントルーム、エクササイズルーム（運動室）と一緒に、たいていライブラリー（図書室）があります。そこには、革表紙の本から、最近のベストセラーまでが、2メートルぐらいの本棚に納められています。部屋のすべての壁面に、本がずらりと並べられているのです。これを全部読んだのかと問うと、たいていの人が、「もちろんだよ！」と答えてくれます。成功するためには、スピーチと同じく、速読

のスキルが必須なのです。

日本でも、トップクラスの経営者は、たくさん本を読んでいます。自分の専用車に小さな本棚をつくりつけている人も何人も知っています。彼らは、移動の間に、自分の仕事や人生に役に立つ本を一生懸命読んでいるのです。

どうして成功者は読書するのでしょう？　それは、一冊の本から様々な知識や知恵を得られるからです。

たった1000円や2000円で、著者の何十年に及ぶ専門知識や経験から得た知恵を学ぶことができます。それも、数時間で。彼らにレクチャーを頼もうと思ったら、大変なことです。本なら、必要なときに、世界的な専門家を呼び出すことができるのです。

成功する経営者は、実務知識を教えてくれる本を読んだり、その分野で一流の人が主催するセミナーに出ます。彼らはその投資を何十倍、何百倍もの収入に変えるのです。英語には、「自己投資のリターンは、いつもすべての投資を上回る」ということわざもあるぐらいです。

幸せに毎日を暮らしている人の多くは、ダラダラとテレビを見ていません。テレビにもいい番組はありますが、彼らは、番組表を参考にして、時間を決めて録画してから見ています。

毎日、本を読みましょう。一日数ページでもかまいません。自分にとって楽しくて、ためになる本を読む癖をつけると、一生の宝物を手に入れることができるでしょう。

¥ 月に一度は、情報断食をしてみよう

今の世の中、メール、インターネットが便利になり、ほとんどの人が毎日使っているのではないでしょうか？

毎日どころか、1時間に何度も携帯でメールをチェックしたり、ホームページを見たりする人も多いでしょう。たった数年前には、なかったものが、それなしには生活が成り立たないほどになっています。たしかに、便利なものではありますが、そのために、失っているものもあるのではないかと私は感じています。

昨年、健康診断のために、メキシコにあるリゾート&ヒーリングセンターに滞在しました。行ってみてはじめて、施設内でパソコンの使用を一切禁じられているということを知りました。

考えてみれば、この10年近くの間、風邪でダウンした3日間ぐらいを除き、パソコンから離

れたことがないのに気づきました。最初は、ちょっとショックでしたが、なかなかおもしろい試みだということで、自分がどう感じるのか興味を持ちました。

インターネットやパソコンを使えなくなって、初日。目の前に広がる海を見ながら、とても開放され、すがすがしい気分でした。しかし、2日目には、なんとなく落ち着かなくなり、3日目には、無理して禁煙したのと同じような禁断症状が出てきました。

最初は、日本にいる秘書に国際電話をかけ、メールを読み上げてもらったりしていました。けれど、緊急に返信が必要なこともあまりないので、2日目からは、旅行中のため、メールできない旨を返信してもらい、全く外の世界とのコミュニケーションを取らないことにしました。

結局、2週間近くインターネット、新聞、テレビ、すべてのメディアから、遠ざかりました。その間、完全にオーガニック菜食をしていたこともあり、普通の世界に戻ってくると、目がクラクラしたほどです。

あらためて、ふだん情報の洪水に流されていた自分に気づくことができました。外部からの情報を遮断した2週間の間、自分の将来、世界の将来をじっくり考える時間を持てました。ふだん、自分の内側にフォーカスすることはなかなかできないことです。

2週間は難しいかもしれませんが、週末の1日か2日は、誰でも情報断食は可能でしょう。1週間もやると、劇的に感じ方が変わることでしょう。

思い切って、静かな時間を取ってみてください。月に、一度は、全くの情報をシャットアウトして、自分の内側を見つめると、これまでとは違った世界が見えてくると思います。

¥ 海外セミリタイアを考えてみよう

育児セミリタイア生活をスタートして、9年がたちました。この数年は、本を書いたり、セミナーをやったりしていたので、厳密に言うと、セミリタイアではなくなりましたが、それでも、自由な時間を満喫してきました。

セミリタイアをしていたとき、子供、妻、友人たちとの時間を楽しみましたが、それ以外にも、楽しいことがたくさんありました。同じような境遇の仲間が、世界中から連絡してくれたことです。テレビや雑誌などのマスコミには、出てこないだけで、結構いるんですね。彼らが出てこないのも、当然かもしれません。日本にいないのですから。

いろんな場所を旅するときに、現地でセミリタイア生活している人に連絡をして、落ち合って、楽しい時間をすごしてきました。

そこで、どういう生活をしているのかという話になるのですが、みんな比較的、地味にすごしています。海外セミリタイア生活というと、豪華な感じがするかもしれませんが、彼らの多くは、お金持ちというわけではありません。よく聞いてみると、アジアやニュージーランドといった国では、生活費は、日本よりもはるかに安くあがります。

数百万円もあれば、数年は暮らせるといった話をよく聞きます。手持ちの現金が少なくても、生活レベルを落とせば、十分に可能でしょう。

また、長期でなく、数ヶ月でも、家族で長期旅行のような感じで、海外生活してみることもできるでしょう。最近は、インターネットなどで、海外長期滞在に関する情報が、手に入るようになりました。私が長期旅行を始めた頃は、ようやく旅行の手配をメールでできるようになった頃なので、隔世の感があります。滞在国を近場にして、期間をある程度絞れば、誰にでも、1週間ほどのプチセミリタイアができる環境は整ってきました。家族だけの濃密な時間をすごすには、もってこいの方法だと思います。

終身雇用制度が事実上なくなった今、数ヶ月、数年のお休みを人生で取ってみるという生き方も、おもしろいのではないかと思います。未知の文化に身を置くと、人生がまったく違う視点で見えてくるかもしれません。

子供にとっても、異文化を体験することで、世界に対して、より自由で、オープンな生き方が体に自然に入るでしょう。

その体験は、家族にとって、一生忘れられない楽しい思い出になるのではないかと思います。

¥ 「～すべき」を日常から追い出そう

定期的に会っているメンターにおもしろいことを言われました。

「君は、義務と責任で自分を制限している」

自分では結構自由に生きているつもりだったので、

「そうかな～」という顔をしたのでしょう。彼は、いたずらっぽく、

「じゃ、試してみよう。～すべきだという観念を思いつくだけ書いてみて？」

と言いました。

「あまりないと思うけどな～」としぶしぶやりはじめましたが、ところがどうして、「～すべき」という項目が、びっくりするほど、次から次に出てくるではありませんか！

ちょっと見ただけでも、「人には、親切にするべきだ」「楽しいことをするべきだ」「家族は、

一緒に支え合うべきだ」「本当の友人なら、助けるべきだ」「親孝行するべきだ」「健康でいるべきだ」「税金は払うべきだ」など、「べき」の大行進です。

誤解のないように一言っておくと、このひとつずつのコメントが、間違っているわけではありません。ただ、どんなに楽しいことでも、「〜するべき」という義務になったとたん、楽しくなくなってしまいます。

たとえば、実家に久しぶりに帰ろうと考えているとしましょう。そんな時に、母親から電話がかかってきて、「子供なら、たまには実家に顔を出すべきよ」と言われた途端、帰るのが、急に面倒くさくなったりするというのが、このケースです。もともとは自由意志で、「久しぶりだし、両親の顔を見に行きたいな」と思っていたのに、それが、義務になったとたん、楽しく感じられなくなるのです。これは、夫婦でも、親子でも、仕事の関係でも起きることでしょう。

喜んで自発的にやるのか、義務でやることを期待されるのかでは、天と地ほどに違ってきます。逆に言うと、義務だと感じていることを手放していくと、より自由になれます。

それから、毎日5分の時間を取って、「〜するべきだ」というのを一つずつ、手放していきました。それに応じて、私の肩や背中のこりが、嘘のようになくなっていったのです。あまりの効果に興奮した私は、「このワークは、すごいから、誰でもやるべきだ！」と考え、自分でも、その矛盾に笑ってしまいました。

実際にやっていることは同じでも、どんな小さなことでも、それを心からやれるようになります。自分の人生をもっと、信頼できるようになるからでしょう。

あなたの中にある「〜すべき」を手放して、自由になりましょう。

¥

自分メディアに時間を取られすぎないように気をつけよう

21世紀に入って、今までにないメディアが一般の人にも使えるようになりました。テレビ携帯電話、メール、ブログ、ホームページなど、ついこの間までは、個人で使えなかったものばかりです。ある年代以上の人は、この中でも、せいぜい携帯電話ぐらいしか使っていないのではないでしょうか。

逆に若い世代の人たちは、さっき挙げたメディアのほとんどを使っているのではないかと思います。たとえば、朝起きて、メールをチェックして、携帯についているカメラで朝ごはんを撮って、ブログにアップ。友達とメールをやりとりして、ランチの場所を決め、買い物の間もしょっちゅう写真を撮って、自分のブログにアップするでしょう。一日の出来事を友達とひとしきりおしゃべりしてから、ブログに日記を書き込むという感じでしょう。自分のメディア作りに忙しく、普段の生活で使える時間が少なくなっているかもしれません。また、ブログにアップするために、わざわざイベントを作ったり、遊びに行ったりという、ちょっと昔では考えられない現象が起きています。

テレビが家庭の中心だったとき、私たちは、テレビの影響力に振り回されました。何を買うとか、どこへ行く、恋愛はこうしなさいと、あたかもテレビから指示されていたかのようです。今、テレビの影響力はだいぶ少なくなったでしょうが、パーソナルメディアに振り回されている人はたくさんいます。それでは、朝起きてから、夜寝るまで、あたかも、自分の人生を不特定多数の人に公開するために生きているような感じになります。

適度なプライバシーがなければ、息が詰まってしまいます。ちなみに、私は、テレビや雑誌などのメディアに顔写真を公開していませんし、ブログも持っていません。携帯メールも受信しかできませんが、それでも、楽しく暮らしています。

自分がどうメディアに関わるのか、どれくらい時間とエネルギーを投資するのかをよく考えないと、人生の大半を費やしてしまうことにもなりかねません。

自分と、メディアとの境界線を大事にしましょう。

惰性でなく、楽しいときだけ、情報発信しよう

第4章

幸せな経済自由人は人間関係を大切にする

¥

幸せなメンターに弟子入りするのは、成功への最初の一歩

メンターとは、人生を導いてくれる先生という意味です。人生を振り返ってみると、誰にでも恩人と言えるような人が、いるのではないでしょうか。

成功している人の伝記を読むと、必ず恩人との出会いのエピソードが出てきます。その出会いをきっかけに、人生が大きく変わり、後の大成功につながっていくのです。

私は学生の頃から、さまざまな分野で成功している人たちのところに出入りして、個人的に教わりました。世界的な研究や政治の裏話、若い頃の冒険談を聞くのは、とても刺激的でした。彼らの若い頃と自分を比べて、あるときは、自分のほうができているなと思ったり、今のままじゃだめだ！　と落ち込んだりしたものです。

中でも一番参考になったのは、彼らが若い頃素晴らしい先生に出会い、人生ががらりと変わっ

たというくだりでした。彼らは先生とのやりとりの中で、自分自身のライフワークを見出して、後の成功のチャンスをつかんでいるのです。

人は人との出会いによってしか、変われないものです。若い頃に素晴らしい人に出会うか、質の良くない人と出会うのかでは、その後の人生で大きな違いが出てきます。

幸せに成功したければ、幸せなメンターに弟子入りすることです。弟子入りといっても、住み込みの弟子になるということではありません。身近にいて、その人の感性に触れることができたら、同じ効果があります。何かあると、声を掛けてもらえるような間柄になれるかどうかです。尊敬できるメンターを見つけられた人は、とても幸せです。

メンターのもとで、人づきあいや、ライフワークの見つけ方、お金とのつきあい方を学ぶことができると、普通より10倍も速く成功できるでしょう。

メンターを選ぶ上で大切なのは、幸せな人生を生きているかどうかという点です。ある時、「ビジネスで成功するためには、何が必要ですか?」と聞いたところ、「家庭と個人的生活をあきらめることだ」と言ったメンター候補の人がいました。私は、それを聞いて、あわててその人から逃げだしました。弟子入りして成功できたとしても、家庭と個人的生活が、メンターと同じになってしまうと感じたからです。

メンターをどうしたら見つけられますか？　という質問をよく受けます。大切なのは、どういうメンターに弟子入りしたいか？　ということです。政治家志望の人が、音楽家のメンターから学べることは、あまりないかもしれません。料理で身を立てたい人が、大学の先生についても、遠回りになるでしょう。

自分の興味がある分野で、一番魅力を感じる人を探し出し、その人にアプローチしてみてください。たいてい忙しい人が多いと思うので、弟子入りするのは難しいかもしれません。ここは、クリエイティブに、うまく相手にアプローチする方法を考えるのです。

私は、講演会に行ったり、手紙を書いたり、人に紹介してもらったり、いろんな方法を試しました。おもしろいやつだなと感じてもらうようなアプローチを考えて、次々にうまく相手の懐に飛び込んでいったものです。幸せなメンターは、意外にあなたの周りにいるものです。あなたの意識さえ、明確になれば、きっと素晴らしい人に出会えるでしょう。

最後に、メンターに関して、私が大好きな言葉をプレゼントしましょう。

「生徒の準備ができたとき、先生は現れる」

¥ 幸せは、人間関係でしか感じられないことを知る

右の言葉は、80過ぎのおじいちゃんに教わったことです。その方は、医者として有名で、経済的にも成功した人でした。その人が、一生懸命に成功の秘訣をしつこく聞きたがる私に、諭すように言ってくれたのが、この言葉です。

若いうちは、仕事やお金、家の大きさや、車、持ち物、社会的地位などいろんなものが大切に思えます。私も、そういうものを手に入れて、はじめて内面も充実すると考えていました。この言葉は、失礼なようですが、20歳すぎの私にとって、功を遂げ、財をなした老人のたわごとにしか思えませんでした。

しかし、それから何年もたって、外側のすべてを手に入れているのに、人間関係が不幸な人をたくさん見るようになり、彼の言葉の重さを、何度もかみしめました。

街頭インタビューで、「あなたの人生で大切なものは何ですか？」と聞くと、ほとんどの人が、家族とか、友人と答えるでしょう。大切なものは、車だとか、家だという人は、滅多にいません。

しかし、自分の大切だと考える家族や友人を実際には、どれだけ大切にして生きているでしょうか？

忙しいペースの生活では、家族とのコミュニケーションは、仕事、お金、社会的なつきあいの後回しになってしまいがちです。どこかで、「相手が大事なことは、わかってくれているだろう」という甘えがあるからでしょう。

しかし、大切だと考えていても、花に水をやらなければ、いずれ枯れてしまいます。同じように、友情や家族との愛情も、育てる意識がなければ、勝手には、成長しないものです。

物や社会的な地位、お金もないけど、幸せな人間関係を持っている人と、幸せな人間関係以外のすべてを持っている人と、どちらがいいでしょう？

もし、あなたが幸せな人間関係を一番大切にするなら、どういう時間の使い方をするでしょうか？　お金を何に使いますか？　自分のエネルギーをどこに一番使うでしょう？　現在のあなたは、どんな人間関係を持っていますか？　あなたに、家族はいますか？　両親との関係はどうですか？

また、現在、心から愛している人は、いますか？

あなたのもっとも大切な人間関係に、時間とエネルギーを使いましょう。

¥ まだ「出会っていない人との縁」にワクワクしよう

人生は、「誰と出会うか」で決まります。

実際に、私たちは、両親、兄弟姉妹、親戚、友人、仕事の関係者に影響されて生きています。お金、仕事、男女関係、自由時間に対しての感じ方は、彼らとそっくりか、あるいは、それに反発して真逆のものになったりします。私たちは、今まで出会ってきた人たちの考え方の範囲内でしか、生きることができないようになっているのです。

未来のあなたも、同じように、これから誰と出会うか、何と出会うかで、ずいぶん変わってくるでしょう。人をだましてでも儲かればいいという人と出会うか、愛する仕事で幸せに報酬を受け取る人と出会うかで、あなたの仕事観は、全く違うものになるでしょう。

恋愛に関しても、幸せなパートナーシップを築いている人か、破綻的な関係を繰り返す人に囲まれるかで、ずいぶん違ってくるはずです。

あなたは、これから、どういう人と出会いたいですか？

どんな影響を受けて、どのような変化を起こしたいですか？

将来の友人は、どこで、何をしている人たちでしょう？

彼らは、どれくらいの収入を稼いでいて、どんなところに住んでいるのでしょう？

今から、あなたに幸せな影響を与えてくれる人たちの顔を想像できますか？

彼らとの出会いは、あなたの深い部分を癒し、思ってもいない才能を引き出してくれるでしょう。未来のあなたは、たぶん、もっとクリエィティブに仕事をして、人生をエンジョイしていると思います。

あなたは、そんな将来の友人との出会いにワクワクできますか？

まだ出会っていない友人、お客さんとの縁にワクワクできる人は、近いうちに、必ずベストのタイミングで、出会えるでしょう。

そんな素晴らしい未来の友人に出会うために、あなたは、どんな人になっている必要がありますか？

自分から、行動を起こしましょう。まだ、出会っていない「その人」に会うために。

あなたは、
どんな人と、出会いたいですか？

¥ 出会う人すべてを最高の仲間にする方法

私は若い頃、セールスを学ぼうと思って、すご腕のセールスマンに弟子入りしたことがあります。

彼はどんなに難しそうな状況でも、次々と契約を取ってくる天才でした。彼はその秘訣はなかなか明かしてくれなかったのですが、あるときこっそり教えてくれました。それは、「お客さんは前世からの友人だと考えている」ということでした。

お客さんが、どんなに買いたくなさそうに見えても、それは自分のセールスのスキルをアップさせるため、わざとそういう顔をしていると考えるのです。彼は、そうやって、どんなシチュエーションでも、あきらめなかったので、成功できたのだと語ってくれました。

それから、私は、教わったことを自分なりにアレンジして、考えるようにしてきました。「出会う人すべてが前世からの友人だ」と思うようにしたのです。

前世があるかどうか、私にはわかりません。ただ、ゲームとして、この人が前世で友人だったとしたらと、考えてみるとおもしろいと思います。

精神疾患のひとつに、「世の中の全員が、自分の敵に見える」状態があるそうですが、私は、その逆に、「すべての人が、助けてくれる」と考えるようにしてきました。

通りがかりの人、コーヒーショップで隣り合った人、すべてが、前世からの友人だったとしたら、どうでしょう。そして、いつでも、あなたを助ける準備をしてくれているとしたら、どう感じるでしょう？

彼らが、今の自分に必要な情報を持ってきて、ベストなタイミングで、カフェで隣に座ってくれたと考えるのです。また、出会う人全員が、自分のことを応援してくれているとイメージするのです。表面的には、とてもそう見えない人がたくさんいます。ものすごく文句を言って出てきたり、失礼な態度を取ったりする人は、自分の度量を大きくするために、悪役を買って出てくれていると、考えましょう。「演技だねぇ〜。やられたよ〜」という余裕があれば、どんなことも平気で対応できるようになります。

私の場合、そういう考え方をするようになって、生きるのが、とても楽になりました。世の中に、悪い人はいないと感じられるようになったからです。また、どんな人とつきあっても、すぐうち解けるようになりました。

あなたも、誰かと出会う度に、昔からの縁を想像してみて下さい。そして、「細かいことは、覚えていないけど、今回もよろしくね！」ぐらいの気軽な気持ちで接してみましょう。

きっと、どんな人とも親しくなることができるようになった自分に驚くでしょう。

¥

今までの価値観をガラッと変えてくれる友人を持とう

今の社会をよく観察すると、人が雑多に混じっているようでも、実際には、何十種類かのグループが分かれて存在していることがわかります。同じ会社の同僚、同じような収入の人、同じような考えの人、年齢の近い人同士が、固まって生活しているのです。

居酒屋にいけば、グループがいくつもあって、それぞれ同じサークル、職場、大学などの共通項をもって、一緒にいるわけです。そして、お互いのグループ間の交流は、あまりないものです。

あなたには、親戚、会社、学生時代の友人、近所づきあい以外に、友人がどれだけいますか？

異性の友人がいますか？　職種がまったく違う友人がいますか？

これぐらいいなら、まだいるかもしれません。では、次の質問。

外国に友人がいますか？

人種の違う友人がいますか？

年齢が20歳離れた（上にも下にも）友人がいますか？

収入が一桁違う友人がいますか？

こうなってくると、ＹＥＳと答える人は少ないのではないかと思います。

私は、昔からいろんな種類の友人を作るように心がけてきました。収入で言うと、年収数億円の上場企業のオーナーから、現金収入のないヒッピーまで、幅広い友人がいます。宗教でも、キリスト教、仏教、イスラム教、ヒンズー教にはじまり、いろんなことを信じている人と友達です。

普通に生活していると、なかなか今の枠を、越えられません。考え方、生き方がつまらなくなるのも、そんなところが原因かもしれません。

世の中には、いろんな生き方をしているおもしろい人たちがたくさんいます。

そんな未知の人と深く知り合うことが、人間の幅を広げると私は思います。

ポジティブな人、ネガティブな人、様々な人が交わりあって、社会ができています。彼らの考え方、生き方を否定せず、「おもしろいな〜。どうしてあんなことをするんだろう?」と好奇心をもってつきあえるかどうかで、人生の質も変わるでしょう。

今までの考え方が大きく揺さぶられたり、価値観が１８０度変わってしまうぐらい、スケールの大きな人と出会ってみましょう。普段会わない人種の人たちとつきあうことで、あなたの人間の幅も、広がっていきます。

びっくりさせられるような人とつきあって、今までの生き方を変えてみましょう。

¥

自由人は、お金や仕事より、友人を大事にしている

友情は、忙しい生活で忘れがちですが、人生でもっとも素晴らしいものです。生涯を通じてつきあえる仲間がいることは、大変幸せなことです。信頼できる友人がたくさんいると、人生という旅は、何倍にも楽しいものになるでしょう。

私は友情には3種類あると思っています。過去を共有する友情、現在を共有する友情、そして未来を共有する友情です。

学生時代を共にした同級生との友情は、最初のものに当てはまります。同じ趣味を共有する人たちや職場の友人などは、現在を共有していると言えるでしょう。

3番目が、夢を共有できる人たちとの友情です。

単に過去を共有しているだけでは、発展性がありません。また、趣味や職場が同じというだ

けでは、それ以外の話になると、全く話題が合わなくなってしまいます。

夢を共有していると、お互いを真剣に応援できる仲間になります。

自分がスランプに陥ったり、やる気を失った時、励みになるのはこういう友人です。健全な競争意識も働くでしょう。「あいつも頑張っているんだから、自分も！」という原動力になるのです。

友情には、メンテナンスが必要です。単に過去や現在を共有しているだけでは、続きません。私は、アメリカで、親子3代親友という人たちに会ったことがあります。おじいちゃん同士が大学で知り合い、それから、子供、孫と友情が続いているのです。心から素敵だなと思いました。そんな素晴らしい友情を保つためには、友情を大事にしようと考えること、そして、将来に向けて、夢を共有することです。

伸び率が高い友人は、自分を高めてくれます。あなたは、友人として、相手を伸ばしていますか？

あなたにとって、大切な友人は誰ですか？

¥

1日10回自分と周りの人をほめてみよう

あなたは、今1日何回ぐらい人をほめますか？　また、人にほめられますか？

私は、日本文化は大好きだし、素晴らしいと思っています。でも、外国から学べることがあるとしたら、そのひとつに、人を上手にほめるということがあると考えています。特に身近な人をほめるということを日本人はなかなかやりません。

先日、日本の友人がアメリカの私の家に来て、困ったことがありました。アメリカ人の友人も来ていて、「あなたの奥さんは素敵な美人ですね！」と言っているのに、「ノー、絶対そんなことはありません！」と友人が、そのほめ言葉を大げさなジェスチャーと共に否定したのです。

日本人にはとってもわかりやすい会話でしょう。急にほめられて恥ずかしくなって、照れかくしに強く否定してしまったと簡単に想像が出来ます。

しかし、生粋のアメリカ人の友人は、後で、「あの二人仲よさそうに見えるけれど、違うのかな？」と聞いていました。「いや、日本人は、自分の妻を愚妻と言ってしまう文化で、そういうのが尊ばれるんだよ」と一生懸命説明しました。しかし、そう説明する私までが、女性を蔑視するひどい男性かも？　という疑惑の目で見られてしまいました。

日本人が身内をほめないのは、照れるのが半分と、ほめたら調子に乗るというのがあるでしょう。アメリカ人の男性なら、どんどん調子に乗せて、奥さんをきれいにするんだというでしょうが、日本人は、つけあがる（？）ので、餌はやらないと考えるのでしょう（笑）。

子供との関係や、上司や部下との間でも、同じような力学があるのではないかと思います。また、ほめられる側も、ほめられて素直に喜んだら、はしたないという気持ちがあるのでしょう。ほめられたほうは、必死でそれを否定するというドラマがあるわけです。

日本人がお互いをほめ合いだしたら、もっとお互いに感謝できたり、いいことばかりなのにもと思います。

拙著『きっとよくなる』（サンマーク出版）で「大好きな人をハグしよう（抱きしめる）」と書いたことがあります。ある読者の男性は、照れくさかったのでしょう。奥さんに、「本田健さんがそうしろと言っている」といって、抱きついたそうです。最初、奥さんは、びっくりしたそうですが、それからは、夫婦でハグして毎日をスタートしていると報告してくれました。結局は、ほんの少しのテレさえ乗り越えれば、日本人でもできる！　ということです。

ぜひ自分と身近な人をほめてください。その人の洋服でも、表情でも、何でもかまいません。素直に素晴らしいなと思ったことを口に出してください。慣れないうちは、嘘っぽいなとか、お世辞を言っていると思われたらどうしようということを考えるでしょうが、気にせず、続けてください。やっていううちに、ほめるタイミング、ほめ方、言葉の内容など、洗練されていくでしょう。

1日10回を目標に、うまくほめ言葉をプレゼントしてあげましょう。他の人だけでなく、自分のことも、ほめるのをお忘れなく！

あなたの素晴らしい点を10個書き出してみよう

¥ 3 人の知らない人に声をかけて、勇気を試そう

あなたは、知らない人に声をかけることがありますか？

都市部に住んでいると、好むと好まざるとにかかわらず、毎日何千人もの人とすれ違います。バス停で一緒だったり、電車で隣に座ったり、カフェやレストランなどで同じ空間を共有します。でも、そのうち、実際に何人と直接話したりするでしょうか？

私は、外に出ると、できるだけ知らない人と話をするようにしています。なぜなら、それが自分の幅を広げるおもしろいチャンスになるからです。

私は、飛行機、新幹線、カフェなどで隣り合わせた人に、気軽に話しかけます。

話題は、服装をほめたり、天気から入りますが、コミュニケーションがかみあえば、どんなことも話してしまいます。国際線の飛行機なんかでは、5時間ずっと話し込んだということも

ありました。飛行機を降りる頃には、10年来の親友のようになることがあります。実際に、その後、連絡を取り合って、家族ぐるみのつきあいに発展しています。

確かに、最初の一声には、勇気がいります。変な人だと思われたらどうしよう？　という気持ちもわかります。相手が乗ってこないときは、気にしないでください。

見知らぬ人に話しかけるのは、人生でリスクを取るのと似ています。「失敗したらどうしよう、でも、やってみよかな」という心の揺れの感覚はそっくりです。

それを「えい！」とやってみると、結構うまくいったりするのです。

私は、この習慣を身につけてから、人生で怖いものがずいぶん減りました。毎回、相手のことを全く何も知らないまま、話すのですから、柔道の乱取り稽古をしているようなものです。

相手が何を考えていて、何を感じているのかをすぐに見抜く力もついてきます。時には、思わぬシンクロニシティーがあり、求めていた情報をもらったりします。

知らない人と話しているうちに、世の中は、実は思ったよりも素晴らしいところじゃないかと考え直すようになりました。話していくうちに、相手のことを、心から愛おしいと感じるようにも、なってきます。瞬間的に、初対面の人の素晴らしさを見抜き、その魅力を感じることができれば、それだけで、幸せな気分になります。

見知らぬ人に話しかけるには、勇気が必要ですが、その見返りは大きいと思います。

明日、隣り合った誰かに声をかけてみましょう。

¥ 見返りを期待せずに、ご飯をご馳走してみよう

私は、チャンスがあれば、いろんな人にご飯をご馳走するようにしています。

それは、若い頃、あるお金持ちにご飯をご馳走になったことがきっかけです。

その人は、まったく初対面の私をご飯に誘ってくれただけでなく、餞別までくれました。そのときのおいしい食事とともに、彼の笑顔と親切心を私は一生忘れることはないでしょう。

私は、どうして外国から来た見ず知らずの若者に、ご飯をご馳走してくれるのか、聞いてみました。

すると、ご馳走するには、理由があるというのです。第一は、楽しいという純粋な理由。老人になると、若い人との時間は何より楽しいと言っていました。二番目は、それが人を大事にするベストな方法だから。食事をご馳走することほど、誰かをもてなすことはないというので

す。そして、三番目には、それが、素晴らしい投資にもなるからということでした。ご馳走してくれた人に、直接お礼をしなくても、その親切は、必ず誰かに行くだろう。ご飯をご馳走してもらって、不幸になる人はいない。だから、誰かにご馳走すると、それは、世の中を少しだけ、良くすることになるんだよと、語ってくれました。

彼の話で一番印象的だったのは、「おいしいご飯をご馳走してもらったら、どんな人でも嫌いになれない」と言ったことです。

確かに、ご飯をご馳走になって、楽しいひと時を一緒に過ごした相手を悪く考える人は少ないはずです。そんなわけで、今まで海外から来た旅行者、学生など、いろんな人たちに、ご馳走してきました。直接彼らから見返りを期待したことは一度もありませんし、実際にそれっきりになったことがほとんどです。でも、不思議に、別のルートからお返しをもらってきたように感じるのです。

ご飯をご馳走したことは覚えてなくても、ご馳走になった方は、長く覚えてくれているものです。先日も、10年前に一度ご飯をご馳走しただけの相手から、お礼状をもらいました。そのときの私の一言が人生を変えたとのこと。申し訳ないことに、相手の名前も、どこで会ったかも、すっかり忘れていましたが、その人にとっては、一生忘れられない思い出になっていたことは間違いありません。

あなたは、過去1ヶ月に、何人の人にご馳走しましたか？　また、何人からご馳走されましたか？　どちらの人数も多い人ほど、あなたの収入や人づきあいも広いことがわかります。もし、ご馳走した人も、された人も少なければ、ほとんど人脈がないということです。

誰かにご馳走しようとしてみると、意外に難しいことがわかります。それは、普通の人は、誰かに何かをしてもらうのに、慣れていないからです。ですから、何か裏があるのではないかと怪しまれたり、勘ぐられる可能性もあります。

スマートにご馳走するには、相手が受け取りやすい理由が必要になります。といっても、大げさなものでなくてもかまいません。「誕生日だから」とか、「自分が誘ったから」とか、そんなものでかまいません。相手が、すんなり受け取れるような感じで言えるかどうかです。人に上手にご馳走できるようになるのが、豊かな人生への第一歩です。

1ヶ月に1回でもかまいません。誰かに食事をご馳走してあげましょう。

ご馳走できそうな人のリストを書きだしてみよう

¥ 幸せな自由人は、ボランティア活動で、喜びと人脈を手に入れる

ボランティア活動は、あなたの人生を飛躍的に変えてくれます。

私は、今までいろんなボランティア活動をやってきました。その中で、たくさんの心やさしい人と出会ってきました。誰かの役に立っているという高揚感と、仲間との友情は、ボランティアの隠れた報酬だと思います。誰かのために無償で活動をするのですから、経済的、時間的余裕が必要です。そんな心も豊かで、他人のために何かをやってあげようという有力者かボランティア活動には、必ずいます。

そういう人格的にも素晴らしく、社会的に成功している人と、若い頃にたくさん知り合ったのは、人生での大きな財産です。彼らが応援してくれたり、友人を紹介してくれたので、普通では会えないような人と会ったり、家に泊めてもらったりすることができました。

ボランティア活動のいいことは、一生を通じて楽しめる友情が芽生えるということです。学生時代からいまだにつきあいがあるのは、ボランティア活動を一緒にやっていた仲間です。利害を超えた信頼関係があるので、人脈としても、とても強固なものを築くことができます。

ボランティアの素晴らしさを教えてくれたのは、高校時代の神父さんでした。人に何かをしてあげることは、それだけで素晴らしいし、いいことがいっぱいあると言われました。

最初にそれを聞いたのは、17歳のときでした。それ以来、時間が許す限り、いろんな種類のボランティアをしてきました。ゴミ清掃に始まり、老人ホーム訪問、平和の語り部としての講演旅行、ホームレスの人のシェルターでの住み込みの仕事。目立たない地味な地域の活動から、テレビに出るようなものまでやりました。

ボランティア活動で、普段とは違う世界を見たり、体験させてもらいました。私は、メンターと呼べる人は、何人もいますが、その多くが、ボランティア活動をやっているときに、出会っています。純粋に世の中のためになろうとする人たちが集まっているので、邪心がない人が多くいます。人助けが好きな人が多いので、筋さえしっかり通せば、力になってくれます。彼らに不義理をせずに、人間的につながることができれば、一生を通じて、あなたを導いてくれるでしょう。

ボランティア活動では、思いがけない人に、いろんなことを教えてもらいました。

ホームレスシェルターで働いたときに、ホームレスの人に言われたことがあります。「どうして、ここにきたと思う?」あまりにも直球の質問に、答えあぐねた私に、彼は、「若い頃、何も考えなかったから、こうなった」と教えてくれました。「将来のことは、手遅れになる前に考えないと、まずいよ」という言葉は、18歳の頃聞いたのですが、今でも、響いています。

普段の生活では、なかなか会えない人と出会ったりすることで、あなたの人生観は、また少し違ったものになると思います。いろんな価値観を持っている人とふれあうことで、あなたがどう生きたいかを考える良いきっかけにもなることでしょう。

あなたがおもしろそうだなと思うところで、ボランティアをしてみてください。

おもしろそうな ボランティアを探してみよう

第5章

幸せな経済自由人は
どうやって問題を
乗り越えるのか

¥

「変わらなきゃ！」を楽しもう

私は、定期的に自分の人生の棚卸しをするようにしています。どういうことをするかというと、人生のさまざまな分野を見て、今の状態と、このまま行けば、どうなるのかを考えるのです。

たとえば、健康、夫婦関係、仕事、お金などの分野で、見ていきます。2ヶ月前、健康という分野を見ました。健康状態がこのままいくと、どうなるのかを考えます。すると、今はなんとか健康ですが、このペースで太りすぎると、いずれ何かの病気になると感じました。「このままでは、本当にまずい!!」そこから一念発起して、食生活を改善した結果、8キロやせました。しばらくして、またリバウンドしましたが、それでも、前よりは、スリムになりました。

家族に関しても、そろそろ変化していく時期だと思っています。私の場合、この9年間娘との時間を中心に考えてきましたか、そろそろそれも終わりに近づいてきた感じがしています。静かに子離れしてあげる時期がきました。本格的に、妻と一緒に、自分のライフワークを再開するにあたって、何をしたいのかを真剣に考えているところです。

今の仕事に対して満足していない人は、このままの仕事のやり方を続けていったら、来年、3年後、10年後、20年後はどうなっているのだろう？　と想像してみてください。

「変わらなきゃ！」というサインは、日常生活のいろんなところに出ているはずです。

朝起きるときの気分、通勤途中に見えるもの、説明のつかないイライラ、それらは、すべて、自分の中に何か新しいものが生まれつつある証拠です。

「今までとは、違った生き方を選択したい！」という小さい声は、思ったよりも大きくなってきているのかもしれません。

このままだとまずいなと思ったら、何かの具体的な行動を起こしましょう。このとき、すぐに何らかの行動に移せるかどうかが鍵です。それは、どんなに小さなことでもかまわないのです。転職の本を買いに行くということでも、いいでしょう。

「変わらなきゃ！」を放置しておくと、自分に対する信頼感が下がってしまいます。たとえて言えば、せっかく火事の１１９番の通報があっても、出動しない消防車のようなものです。直感的な「変わらなきゃ！」から、すべては始まります。そして、できれば、それを楽しみましょう。心に余裕があれば、すべての変化は、波乗りのように楽しくなります。

さあ、あなたは、何から始めますか？

¥ 今の自分をリストラできる人が、成功する

「リストラする」という言葉は、日本ではネガティブな言葉になっています。ですが、もともとは、リストラクチュアリングといって、事業を再構築するという意味で使われていました。今までの枠組を壊して、新しいものに作り直すというのが、その本質です。

今まで、講演や著作シリーズでもお話してきましたが、勤めていた会社を急にリストラされることは、人生をリセットする素晴らしいチャンスだと私は考えています。

人はなかなか自分から人生を変えることができません。慣れ親しんだ職場を自分から辞めるのは勇気のいることです。もう、辞めようと思いながらも、ぐずぐずしていたりするときに、リストラという事態がやってきます。そういう意味では、リストラされるということは、今までの環境をすべて壊してくれる、またとないチャンスです。そんなにいいことなら、上司や会

社にしてもらうのを待つ必要はありません（笑）。

幸せな経済自由人は、人生で何度か、劇的なリストラを経験しています。それは、勤めていた会社が倒産したり、体をこわしたり、従業員が一気に辞めてしまうなどのピンチです。それを乗り越え、今の成功にたどり着いています。

イメージするだけでかまいません。自分で自分をリストラするという事を想像してみましょう。今の自分をリストラするとしたら、どんな気分になるでしょう。もし、不安になったとしたら、あなたは、今の仕事から安心感を得ていたことがわかります。もし、自由な感じがするとしたら、あなたは仕事に対して、たくさんの責任感を感じているのでしょう。

「自分をリストラする」ことには、いろんな意味があります。自営業の人も、今の仕事が急になくなったとイメージしてみて下さい。結構焦りますよね？

でも、本当になくなったらどうしますか？　たぶん、そのときは、真剣に今までの仕事のやり方を全くゼロから見直したり、仕事に対するお金の得方やビジネスモデル、すべてを考え直すでしょう。今までの技術や専門知識を使って、何かできることはないだろうかと、真剣に検討することでしょう。

たとえば、今までやってきて、もうあなたがやる必要のない仕事や役割はありませんか？ドキッとして、何か思い当たったことがありませんか？

思い切って、自分からそれを手放しましょう。すると、本当にあなたにとって、ふさわしいものがやってきます。

¥

「怒りを情熱」に変えて、成功しよう

日常生活で、イライラさせられることはどんな人にもよくあると思います。サービスがとんでもなく悪かったり、物が不便にできていたりすると、時には、怒りさえを感じることもあるかもしれません。最近、あなたの身近でも、そんな体験はありませんでしたか？

たとえば、郵便局で持たされたり、スーパーのレジ待ちでイライラしたり、映画チケットの予約システムがうまく機能していなくて、頭にきたことはありませんか？

たいていの人は、その怒りを抑圧するか、ごまかしてしまいます。そして、その不快な体験をすぐに忘れようとするでしょう。

ビジネスで成功する人は、そんな日常のイライラを新しい商品やサービスのネタにして、成功しています。電話料金が高いという憤りを感じ、新しい電話会社の設立を決めた人。学生でも飛行機チケットを買えるシステムがあってもいいじゃないかと思った人。彼らは、ただ単にイライラしただけでなく、その不便や理不尽さをビジネスの原動力にしているのです。

日常生活の「おかしい！」「ひどいじゃないか」という怒りは、情熱に変えることができます。日常生活の「おかしい！」を情熱や使命感に変えられる素質が、起業家には求められています。

教育システムのここがおかしい！　と憤って、自分で学校を始める人。添加物でいっぱいのお菓子を見て、これはおかしい！　と憤る主婦。彼女はその後、無添加クッキーの通販をはじめて、成功しています。彼らは、その怒りを情熱に変えて、自分と世の中のために、そのエネルギーを昇華させているのです。あなたが怒りを感じたということは、ほかの人も同じようなことを感じている可能性があります。

それは、不便さだったり、理不尽さだったりするでしょうが、それを解決することができれば、あなたは、素晴らしいものを提供していくことができるのです。

あなたのごく身近に、そんなことはありませんか？　それをただのイライラの種にするのか、自分や周りの人の人生のクオリティーを上げるのに使うのかは、あなた次第です。

あなたの日常的な怒りを情熱に変えてみましょう。

最近、イライラさせられたことは、
ありますか？

¥ 幸せ山の途中にある地獄谷にも、注意しよう

忙しい毎日を送っていると、自分がどこに向かっているのか、わからなくなるときがあります。

戦闘機のパイロットが、くるくる回っているうちに、どっちが空で、海かわからなくなることがあるそうですが、それに似ています。速いペースで生きていると、そんな感じで、人生の方向性を見失ってしまうことがあります。

社会的に成功したり、お金に恵まれても、必ずしも、幸せを実現できるわけではありません。なぜなら、「不幸の落とし穴」が、あちこちにあるからです。ほとんどの人は、そういう知識がないまま、このまま頑張れば、何とかなるはずだと考えます。

成功した実業家やアーティストが、急に自殺してしまうのは、成功山の頂上で、向こう側に、

暗い闇の谷を見てしまうからだと思います。社会的に成功した人は、普通の人が持つ「お金持ちになれば幸せになれるという幻想」が真実でないことに愕然とします。ある意味では、「人生に裏切られた」とでもいう感情を抱えたまま、周りとのギャップに苦しむことになります。

もちろん、仕事で失敗すれば、幸せが遠のくのは間違いありません。そういう意味で、仕事は、成功しても失敗しても、不幸の落とし穴になりえる、危険なものだといえるでしょう。

お金も、同様です。ありすぎると、周りの注目や騒音が大きくなります。なければ、それがストレスになります。ちょうどいい健康的なつきあい方を知っておく必要があります。

男女関係は、人を最高に幸せにもするし、不幸にもします。家族も同様。素晴らしい子供を得た人は、人生が祝福されているように感じるでしょう。逆に、問題ばかり作り続ける子供を持つ親の人生は、地獄になりえます。

幸せを維持するのは難しいことですが、不幸になるのは、本当に簡単です。人と比較したり、自分を責めたり、やらないほうがいいと思っていることをやっていけばいいのですから。

あなたの周りには、不幸の落とし穴は、いたるところにあります。それがどこにあるのか、よく足下を見ておくことが必要です。

それをよく注意した上で、後は、人生の楽しいステップを踏んでください。幸せと不幸は隣りあわせです。

一喜一憂せず、静かに、目の前のことを楽しみましょう。

¥

「不思議な偶然」を読み解ける人が、成功する

生活していると、単調な繰り返しのように感じてしまいがちです。それは、何も意識していない人には、何も起こっていないように、見えるからです。先週と同じ単調な繰り返しが、来週も続くように、思えるのでしょう。

一方で、毎日のように素晴らしいチャンスをつかみ、新しい出会いを得て、起業したり、結婚したりというドラマに恵まれる人がいます。この違いは、何でしょう?

私は、自分の周りに起きる偶然を、うまく人生を切り開くのに使える人と、そうでない人の差だと考えています。

不思議な偶然といっても、神の啓示のような極端なことを言っているのではありません。たとえば、久しく会っていない友人から電話をもらったり、通勤途中で、ばったり昔の同僚に出

会ったりすることは、誰でも体験しているでしょう。でも、そのときの何気ない会話が、大きくその後の人生を変える鍵を握っていたりするのです。

あなたの周りでも、転職するかどうか迷っているときに、友達に誘われて講演会に参加して、その講師だった社長の下で働くようになったというような話を聞いたことがあるのではないでしょうか。

成功者の伝記を読んでいると、必ず、そうした日常的な偶然がきっかけとなり、人生が変わっていく場面が出てきます。成功者が普通の人と違うのは、その偶然をきっかけに、すぐに行動しているところです。

私は、道でばったり誰かと出会ったりすると、できるだけ、その意味をさりげなく探るようにしています。探偵のように、「この出会いには、どんな意味が隠されているんだろう?」と考えるのです。たとえば、その人が今やっている仕事、読んでいる本、気になっている人や考え方などを聞いてみると、たいていピンとくることがあります。先日も、偶然出会った人から、とても役立つ情報をもらいました。

誰にでもそういうことは起こっていますが、気づいていないだけです。日常の偶然をそのままにせず、ちょっと余分に意識を払うと、人生がものすごいスピードで変化していきます。

私は、今まで少しの偶然から、いろんな出会いや情報を引き寄せてきました。飛行機で隣り合った人と友達になり、凄腕の弁護士を紹介してもらったこともあります。喫茶店で隣りあった人が、クライアントになったこともありました。一度、うまく引き寄せるコツを身に着けてしまえば、波乗りを楽しむように、次々に新しいドラマの展開を楽しめます。

身近に起きる不思議な偶然を、これまで以上に意識してみましょう。

¥ 幸せな経済自由人は、休み上手

いろんな人に、「楽しそうでいいですね。どうやったら、そんなにやる気が持続するのですか？」と聞かれることがよくあります。

自分では、意識したことがないのですが、よほど楽しそうに見えるのでしょう。考えてみれば、今は、自分の好きなことしかやっていないので、普段ストレスを感じてないのかもしれません。

また、やる気が出なくなったときは、たっぷり休むようにしているので、いざ、本気になったら、尽きることのない情熱が出てくるのだと考えています。

冷静に見ていくと、人生のほとんどの問題は、無理するところから来ているように思います。必要以上に早く物事を進めようとしたり、体に負担をかけたりして、具合が悪くなったり、やる気がなくなったりしているんじゃないでしょうか。

心身ともに健康な人は、やる気が出ないということはありません。やる気が出ないのは、本人がやりたくないことを無理強いするからです。

そんなときは、やる気が出るまで積極的に休みましょう。あるいは、今やっていることを変えるということもできます。無理にやろうとすればするほど、精神か、体に不調をきたします。それは、自然の理に反するからです。

無理しているなと感じたときは、ゆっくり、心と体を休めるのです。その休みの中から、新しい方向性、アイデア、情熱が自然と出てくるようになります。そこから、また、自由に、情熱的にスタートすればいいのです。

やる気が出ないときは、真面目な人ほど、自分がおかしいと思いがちです。ひょっとしたら、やろうとしていることが、あなたに向いていない可能性もあります。

イヤになったら、ちょっと休みましょう。

¥ 「気づいたら、幸せで豊かな人生」が理想

「幸せ」というテーマは、ギリシャ、ローマ時代、中国では、孔子などの時代から、大きなテーマでした。たくさんの本が書かれていますが、人間が、2000年前より、幸せになったかというと、疑問です。実際に、アメリカの研究では、20年前の方が、「今の人生で、幸せを感じる」という人が、多かったというデータがあります。

今、アメリカの大学の研究者と「幸せ」についての調査をしていますが、非常におもしろいことがいっぱいわかりました。

たとえば、人生の幸せ度は、結婚している人が一番高いというデータがあります。その次に、独身者、離婚した人、別居中という結果になります。

すごく幸せになりたければ、結婚することを勧めます。でも、結婚生活が破綻すると、独身

よりも、もっと不幸になるので、ご注意を！　ということでしょうか。

あなたの周りにいる「幸せ」な人を観察してください。彼らは、どうして幸せなのでしょうか？　彼らをよく観察していると、決して、自分のことを幸せな人だと考えて、暮らしていないことがわかります。聞かれて、初めて「そういわれたら、幸せだね」という感じなのです。それは、幸せな人は、毎日の楽しい活動に意識が集中しているので、自分が幸せかどうかはあまり考えないからです。

彼らは、若い頃から、自分が生きるテーマを追い求めています。それは、医学だったり、ビジネスだったり、アート、教育、家事、趣味だったりするでしょう。20年、30年と自分のライフワークを追いかけてきた人は、不思議にちゃんとした結果を出しているものです。学会で最新の研究発表を続けたり、人の生活が便利になるものを提供したり、深い感動を与えるような作品を作り続けています。主婦の人の中にも、大好きな家事や自分の趣味を追求して、幸せな人がいっぱいいます。

彼らは、必ずしも成功を一番の目標としてやってきたわけではなく、それが楽しかったからやってきたのです。

自分ができる最大限のことをやりきったご褒美が、幸せであり、豊かさなのだと思います。

幸せは、目標にするものではありません。

「ふとしたときに、気づくもの」なのです。

おわりに

最後まで、私が書いた本を読んで下さって、ありがとうございました。

ページを読み進めているうちに、あなたの人生も静かに、揺り動かされていったのではないかと思います。

「幸せな経済自由人」という、私の大好きなテーマで書き進めましたが、おもしろく読んでいただけたでしょうか？

普通に生活していると、出会わない人たちですが、彼らは、確実にあなたの周りにもいるはずです。感性を鋭くして見回すと、意外にごく身近にいるものです。あなたの学生時代の先輩や従兄弟、親戚のおじさんがそうかもしれません。

あなたがいったん、幸せに生きること、経済的自由などに興味を持ち出すと、それに関する情報、チャンス、人に、びっくりするぐらい出会うでしょう。ちょっと、恐くなるときもあるかもしれませんが、勇気を持って進んでください。きっと、おもしろい出会いや気づきがあると思います。

私は、読んでくださる読者の方の顔をイメージしながら、原稿を書き進めます。どこにいて、どんな顔で、職業は？　何歳ぐらいだろう？　男、それとも、女の人かな？

本書を読むことで、読者の方の日常生活がちょっと楽しくなったり、勇気を持って前に進むことができるとしたら、それは、著者として最大の喜びです。

本書を書くにあたって、不思議な縁でお会いできたゴマブックスの嬉野勝美社長、心を込めて編集作業を進めてくださった土田修さんには、たくさんのサポートをいただきました。心から感謝申し上げます。著者デビューさせていただいたゴマブックスから、また本を出していただけるのは、何にもまして、うれしいことです。

いつの日か、読者の皆さんと直接お会いできることもあるでしょう。その日を楽しみにしています。それまで、あなたが、ますます楽しく、ワクワクする日々を送ることをお祈りしています。

雪の降るボストンにて

本田　健

本田 健（ほんだ・けん）プロフィール

神戸生まれ。経営コンサルティング会社、ベンチャーキャピタル会社など、複数の会社を経営する「お金の専門家」。独自の経営アドバイスで、いままでに多くのベンチャービジネスの成功者を育ててきた。育児セミリタイア中に書いた小冊子『幸せな小金持ちへの8つのステップ』は、世界中140万人を超える人々に読まれている。現在は「お金と幸せ」をテーマに、セミナーや講演会などを不定期に行っている。

『ユダヤ人大富豪の教え』（大和書房）、『きっと、よくなる！』（サンマーク出版）などの著書シリーズの累計発行部数は490万部を突破し、世界中の言語に翻訳されつつある。幸せに豊かに生きる人を応援するライフワークスクールを全国で展開。

著者のホームページ　http://www.aiueoffice.com
本書の感想は、ken@aiueoffice.com　へ。

幸せな経済自由人の60の習慣

2012年5月10日　初版第1刷発行

著　者　本田　健
発行者　嬉野勝美
装　丁　中井辰也
ＤＴＰ　岩間公伸
印刷・製本　みつわ印刷株式会社
発行・発売　ゴマブックス株式会社
〒113-0033　東京都文京区本郷2-22-12　本郷ボックスツリー6階

ISBN 978-4-7771-1570-9

●ゴマブックス『幸せな経済自由人という生き方　―ライフスタイル編―』（2009年2月10日初版第1刷発行）に基づいて制作されました。

ゴマブックホームページ　http://www.goma-books.com